21世纪高等教育会计通用教材

# 成本会计学课程实验

（第四版）

胡北忠 周晋兰 编著

Chengben Kuaijixue Kecheng Shiyan

东北财经大学出版社
Dongbei University of Finance & Economics Press
大连

**图书在版编目（CIP）数据**

成本会计学课程实验 / 胡北忠，周晋兰编著 . —4 版 . —大连 ：东北财经大学出版社，2023. 2（2023. 7 重印）
（21 世纪高等教育会计通用教材）
ISBN 978-7-5654-4795-2

Ⅰ. 成… Ⅱ. ①胡… ②周… Ⅲ. 成本会计-高等学校-教材 Ⅳ. F234. 2

中国国家版本馆 CIP 数据核字（2023）第 027421 号

东北财经大学出版社出版
（大连市黑石礁尖山街 217 号 邮政编码 116025）
网 址：http：//www. dufep. cn
读者信箱：dufep @ dufe. edu. cn

大连永盛印业有限公司印刷 东北财经大学出版社发行

幅面尺寸：205mm×285mm 字数：191 千字 印张：9. 25
2023 年 2 月第 4 版 2023 年 7 月第 2 次印刷

责任编辑：李智慧 李 栋 责任校对：王 娟
封面设计：冀贵收 版式设计：原 皓

定价：34. 00 元

教学支持 售后服务 联系电话：（0411） 84710309

如有印装质量问题，请联系营销部：（0411） 84710711

# 第四版前言

成本会计学是高等学校会计学专业本科生的专业必修课和其他管理类专业本科生的专业选修课，是一门主要阐述成本预测、决策和计划，成本核算的一般要求和程序，日常各项要素费用的分配和归集核算，月末费用分配和结转核算以及各种产品成本计算方法，成本控制方法，成本报表编制与成本分析等基本理论、基本方法和基本操作技能的课程，具有很强的实用性、可操作性和技术性。

这门课程不仅需要学生掌握成本会计核算的基本理论与方法，更需要学生在实践中学会针对企业中不同的生产特点、组织形式及管理要求，进行综合的成本核算与分析，以便真正掌握成本核算的具体内容。由于受单个企业生产特点和成本信息保密性的影响，学生到企业实习成本会计业务有很大局限。鉴于教学实际需要，我们于2011年组织编写出版了《成本会计学课程实验》一书，并于2015年修订出版了第二版，于2019年修订出版了第三版。2022年底在继续保留第三版设计性实验项目，将数据设计的不确定性规定范围，减少数据设计的随意性，降低实验指导教师的实验指导难度的特点基础上，我们调整了每一个实验项目实验方法分组选择的要求，改为要求每个实验小组必须完成指定的每一种实验方法实验，使学员能够得到更加全面的实验体验，出版《成本会计学课程实验》第四版。

《成本会计学课程实验》（第四版）是成本会计学课程的配套实验教材。党的二十大报告指出，教育、科技、人才是全面建设社会主义现代化国家的基础性、战略性支撑。我们要坚持教育优先发展、科技自立自强、人才引领驱动，加快建设教育强国、科技强国、人才强国，坚持为党育人、为国育才，全面提高人才自主培养质量。本实验教材是基于党的二十大对人才培养的要求，为了提高人才动手能力而编写的。通过本教材的实验教学，学生可以更好地将理论与实践相结合，提高学生分析问题和解决问题的能力。本教材根据成本会计学课程教学的主要内容，设计了八个实验项目。每个实验项目具体包括实验预备知识、实验目的、实验要求、实验资料和实验报告。本实验教材附有参考答案，请任课教师登录东北财经大学出版社网站（www. dufep. cn）下载使用。

本实验教材设计了两大类实验项目：

1. 设计性实验项目。该类实验项目要求学生进行分组抽签决定实验方法，并根据确定的实验方法设计关键实验数据和实验用表格，完成实验项目。该类实验包括实验项目一：成本计划编制实验；实验项目二：辅助生产费用归集与分配实验；实验项目三：生产费用在完工产品与在产品之间分配实验；实验项目四：产品成本计算品种法实验；实验项目五：产品成本计算分批法实验；实验项目七：产品成本核算与控制——定额法实验；实验项目八：成本分析实验。

2. 综合仿真性实验项目。该类实验项目全景模拟了实验单位的财务环境，要求学生根据全仿真的原始凭单，进行费用分配、记账凭证填写、账簿登记、成本计算等一系列全仿真实验工作。该类实验包括实验项目六：产品成本计算分步法实验。

本实验教材既可以作为高等学校会计学专业和管理类专业成本会计学课程实验教学用书，也可以作为各类经济管理人员和自学者学习成本会计用书。

本实验教材由胡北忠教授和周晋兰教授编著。胡北忠教授设计完成了实验项目二至实验项目七；周晋兰教授设计完成了实验项目一和实验项目八。向利、曹庭瑜负责本书资料的收集和整理工作。全书由胡北忠教授修改、补充并总纂定稿。

由于作者水平有限，书中难免有不足或错误之处，恳请广大读者批评指正。

**编著者**

# 目　录

# 实验项目一

# 成本计划编制实验

## 第一部分　实验预备知识

**一、成本计划概述**

成本计划是企业生产经营总预算的一部分，是指在成本预测和决策的基础上，根据计划期的生产任务、降低成本的要求及相关资料，通过一定的程序，运用一定的方法，以货币形式规定企业在计划期内产品生产耗费和各种产品的成本水平、相应的成本降低水平，以及为此采取的主要措施的书面方案。

成本计划（或预算）按内容不同，可以分为以下两类：

（1）费用预算。它按生产费用要素以及生产费用用途反映企业生产耗费。按生产费用要素反映企业生产耗费情况可以编制材料费用预算、工资费用预算；按生产费用用途反映企业生产耗费情况可以编制制造费用预算。

（2）产品成本计划。它是按产品品种编制的，反映计划期各种产品的预计成本水平。产品成本计划一般主要包括主要产品单位成本计划和全部商品产品成本计划。

**二、成本计划的编制程序**

1. 成本计划的编制原则

（1）统一编制。统一编制以企业财会部门为核心，在其他有关部门的配合下，根据综合经营计划的要求，编制产品成本计划。这是一种自上而下的编制方法，主要适合于中小型企业或产品品种较少的企业。

（2）分级编制。分级编制采用自下而上的方法，是一种参与性的编制方式。管理层下达成本控制指标，下级单位根据这一指标，按成本计划的要求，通过同级间，上级与下级间的沟通、协调，最后形成总体成本计划。这种方法主要适合于企业集团或产品品种较多的企业。

2. 收集和整理资料

收集和整理资料是编制成本计划的基础工作。主要应收集的资料有：

（1）各项成本降低指标及有关的各项规定；

（2）计划期企业的生产、物料供应、劳动者工资和技术组织措施等计划；

（3）计划期各种直接材料、直接人工的消耗定额和工时定额；

（4）材料计划价格、各部门费用预算以及工资率；

（5）上期产品成本资料；

（6）费用开支标准及有关规定。

3. 确定生产和销售预算

预计和分析上年成本计划完成情况，确定生产和销售预算。

4. 成本指标的试算平衡

在对上期成本计划完成情况分析的基础上，考虑计划期各种因素的变化和增产节约的措施，进行反复测算，确定计划期的目标成本。成本指标的试算平衡还要同其他计划指标进行综合平衡，如产品材料计划和物资供应计划、成本计划和资金计划的互相衔接平衡。

5. 编制成本计划

通过试算平衡，结合企业的经营要求就可以正式编制企业的成本计划了。

# 第二部分　实验项目设计

**一、实验目的**

通过本实验项目，使学生熟悉成本计划编制原理，熟练掌握成本计划编制的具体程序。

**二、实验要求**

（1）根据各实验班级学生人数，将实验班级学生划分为5个实验小组。

（2）各实验小组组长负责组织本小组学员讨论、设计、确定本小组实验所需数据资料。

（3）各实验小组学员根据本小组讨论、设计、确定的实验所需数据资料和成本计划编制程序编制成本计划，完成实验报告。

**三、实验资料**

（一）企业类型及生产工艺流程

贵阳宏伟有限公司是生产农用机械的股份有限公司，公司总股本为9 803 800元，主要生产和销售农用机械甲、乙两种产品，设计年生产能力分别为50 000件、80 000件。该公司通过锻铸、车、钳、铣、刨、磨和组装等生产工艺流程生产甲、乙产品。其生产工艺流程如图1-1所示。

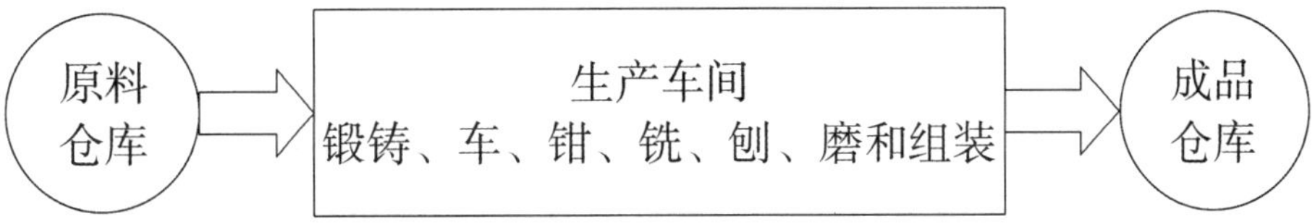


**图1-1　贵阳宏伟有限公司生产工艺流程图**

（二）成本计划编制需要的基础资料

为编制贵阳宏伟有限公司2023年度的成本计划，需要一些相关基础资料。实验前，各实验小组组长负责组织本小组学员讨论、设计、确定本小组实验所需相关基础资料的数据。

# 实验报告

实验项目：________________________________

学院：______________ 班级：______________ 实验小组：______________

姓名：______________ 学号：______________ 时间：______________

实验结果：

**一、成本计划编制需要的基础资料设计**

1. 根据市场需求情况预测，本公司主要生产和销售的农用机械甲、乙产品 2023 年度预计销售量见表 1-1。

表 1-1　**农用机械甲、乙产品 2023 年度预计销售量**　单位：件

| 品　种 | 第一季度 | 第二季度 | 第三季度 | 第四季度 | 全年合计 |
| --- | --- | --- | --- | --- | --- |
| 甲产品 | 11 000 | 13 000 | 13 000 | 10 000 | 47 000 |
| 乙产品 | 17 000 | 18 000 | 18 000 | 16 000 | 69 000 |

2. 根据公司经验，每个季度的期末产品存货量为本季度预计销售量的 15%，期末材料存货量为本季度预计生产耗用量的 10% 较为合理。

3. 2022 年年末产品存货量为：甲产品 1 200 件，乙产品 2 100 件；期末材料存货量为：A 材料 850 吨，B 材料 640 吨。

4. 生产农用机械甲、乙产品材料、工时标准（定额）见表 1-2。

表 1-2　**生产农用机械甲、乙产品材料、工时标准（定额）**

| 项　目 | 材料标准（定额） | | 工时标准（定额） |
| --- | --- | --- | --- |
| | A 材料 | B 材料 | |
| 甲产品 | 2 吨/件 | 3 吨/件 | 10 工时/件 |
| 乙产品 | 1 吨/件 | 2 吨/件 | 5 工时/件 |
| 材料计划单价 | ________元/吨（关键数据设计为：500+小组序号×10。参考数据为：500） | ________元/吨（关键数据设计为：600+小组序号×10。参考数据为：600） | |
| 计划人工成本率 | | | ________元/工时（关键数据设计为：50+小组序号。参考数据为：50） |

5. 各季度材料采购货款本季度付款 50%，下季度付款 50%。2022 年年末应付账款

余额为 2 500 000 元，假设在 2023 年度第一季度支付。

6. 制造费用月耗用标准见表 1–3。

表 1–3　　制造费用月耗用标准　　单位：元

| 项　目 | 间接材料 | 间接人工 | 水电费 | 维修费 | 折旧费 | 其他费用 | 合计 |
|---|---|---|---|---|---|---|---|
| 月耗用标准 | 34 000 | 35 000 | 5 500 | 6 000 | 84 000 | 10 000 | 174 500 |

## 二、成本计划编制

（一）生产计划

生产计划编制说明：

1. 各季度计划销售量，根据公司销售部提供的 2023 年度销售计划填制。

2. 根据公司经验，每个季度的期末产品存货量为本季度预计销售量的 15%。

按生产计划填列表 1–4。

表 1–4　　生产计划

年度　　单位：件

| 项　目 | | 第一季度 | 第二季度 | 第三季度 | 第四季度 | 全年合计 |
|---|---|---|---|---|---|---|
| 甲产品 | 预计销售量 | | | | | |
| | 加：预计期末结存量 | | | | | |
| | 合　计 | | | | | |
| | 减：预计期初结存量 | | | | | |
| | 预计产品生产量 | | | | | |
| 乙产品 | 预计销售量 | | | | | |
| | 加：预计期末结存量 | | | | | |
| | 合　计 | | | | | |
| | 减：预计期初结存量 | | | | | |
| | 预计产品生产量 | | | | | |

（二）直接材料成本计划

直接材料成本计划编制说明：

1. 各季度预计产品生产量，根据公司生产计划填制。

2. 根据公司经验，每个季度的期末材料存货量为本季度预计生产耗用量的 10% 较为合理。

3. 各季度材料采购货款本季度付款 50%，下季度付款 50%。

按直接材料成本计划填列表 1–5。

（三）直接人工成本计划

直接人工成本计划编制说明：

1. 各季度预计产品生产量，根据公司生产计划填制。

表 1-5　　　　　　　　　**直接材料成本计划**

年度　　　　　　　　单位：元/件/吨

<table>
<tr><td colspan="3">项　　目</td><td>第一季度</td><td>第二季度</td><td>第三季度</td><td>第四季度</td><td>全年合计</td></tr>
<tr><td rowspan="3">甲产品</td><td colspan="2">预计产品生产量</td><td></td><td></td><td></td><td></td><td></td></tr>
<tr><td rowspan="2">单位产品材料标准</td><td>A 材料</td><td></td><td></td><td></td><td></td><td></td></tr>
<tr><td>B 材料</td><td></td><td></td><td></td><td></td><td></td></tr>
<tr><td rowspan="3">乙产品</td><td colspan="2">预计产品生产量</td><td></td><td></td><td></td><td></td><td></td></tr>
<tr><td rowspan="2">单位产品材料标准</td><td>A 材料</td><td></td><td></td><td></td><td></td><td></td></tr>
<tr><td>B 材料</td><td></td><td></td><td></td><td></td><td></td></tr>
<tr><td colspan="2" rowspan="2">本期生产产品需用材料总量</td><td>A 材料</td><td></td><td></td><td></td><td></td><td></td></tr>
<tr><td>B 材料</td><td></td><td></td><td></td><td></td><td></td></tr>
<tr><td colspan="2" rowspan="2">加：预计期末材料存货量</td><td>A 材料</td><td></td><td></td><td></td><td></td><td></td></tr>
<tr><td>B 材料</td><td></td><td></td><td></td><td></td><td></td></tr>
<tr><td colspan="2" rowspan="2">减：预计期初材料存货量</td><td>A 材料</td><td></td><td></td><td></td><td></td><td></td></tr>
<tr><td>B 材料</td><td></td><td></td><td></td><td></td><td></td></tr>
<tr><td colspan="2" rowspan="2">预计材料采购量</td><td>A 材料</td><td></td><td></td><td></td><td></td><td></td></tr>
<tr><td>B 材料</td><td></td><td></td><td></td><td></td><td></td></tr>
<tr><td colspan="2" rowspan="2">材料计划单价</td><td>A 材料</td><td></td><td></td><td></td><td></td><td></td></tr>
<tr><td>B 材料</td><td></td><td></td><td></td><td></td><td></td></tr>
<tr><td colspan="3">预计材料采购总金额</td><td></td><td></td><td></td><td></td><td></td></tr>
<tr><td rowspan="6">预计现金流出量</td><td colspan="2">期初应付账款</td><td></td><td></td><td></td><td></td><td></td></tr>
<tr><td colspan="2">第一季度采购款</td><td></td><td></td><td></td><td></td><td></td></tr>
<tr><td colspan="2">第二季度采购款</td><td></td><td></td><td></td><td></td><td></td></tr>
<tr><td colspan="2">第三季度采购款</td><td></td><td></td><td></td><td></td><td></td></tr>
<tr><td colspan="2">第四季度采购款</td><td></td><td></td><td></td><td></td><td></td></tr>
<tr><td colspan="2">现金流出合计</td><td></td><td></td><td></td><td></td><td></td></tr>
</table>

2. 各季度预计直接人工总成本，当期全额现金支付。

按直接人工成本计划填列表 1-6。

表 1-6　　　　**直接人工成本计划**

年度　　　　单位：元/件/小时

| 项　　目 | | 第一季度 | 第二季度 | 第三季度 | 第四季度 | 全年合计 |
|---|---|---|---|---|---|---|
| 甲产品 | 预计产品生产量 | | | | | |
| | 单位产品工时标准（定额） | | | | | |
| | 预计工时小计 | | | | | |
| 乙产品 | 预计产品生产量 | | | | | |
| | 单位产品工时标准（定额） | | | | | |
| | 预计工时小计 | | | | | |
| 预计工时合计 | | | | | | |
| 计划人工成本率 | | | | | | |
| 预计直接人工总成本 | | | | | | |
| 预计现金流出量 | | | | | | |

（四）制造费用计划

制造费用计划编制说明：

1. 各费用项目除折旧费外，均为付现项目。

2. 间接材料费用本季度付款 50%，下季度付款 50%。

按制造费用计划填列表 1-7。

表 1-7　　　　**制造费用计划**

年度　　　　单位：元

| 项　目 | 第一季度 | 第二季度 | 第三季度 | 第四季度 | 全年合计 |
|---|---|---|---|---|---|
| 间接材料 | | | | | |
| 间接人工 | | | | | |
| 水电费 | | | | | |
| 维修费 | | | | | |
| 折旧费 | | | | | |
| 其他费用 | | | | | |
| 合计 | | | | | |
| 预计现金流出量 | | | | | |

预计制造费用小时费用率＝制造费用计划总额÷全年预计工时合计

＝______________________________

（五）单位产品成本和期末产品存货成本计划

单位产品成本和期末产品存货成本计划编制说明：期末产品存货数量来源于生产计划中的预计期末结存量。按单位产品成本和期末产品存货成本计划填列表 1-8。

表 1-8 **单位产品成本和期末产品存货成本计划**

年度 单位：元/件/吨

| 项目 | | 直接材料 | | 直接人工 | 制造费用 | 合计 |
|---|---|---|---|---|---|---|
| | | A 材料 | B 材料 | | | |
| 甲产品 | 单位产品耗用标准 | | | | | |
| | 标准定价及费用率 | | | | | |
| | 预计单位产品成本 | | | | | |
| | 期末存货数量 | — | | — | — | |
| | 期末存货成本 | | | | | |
| 乙产品 | 单位产品耗用标准 | | | | | |
| | 标准定价及费用率 | | | | | |
| | 预计单位产品成本 | | | | | |
| | 期末存货数量 | — | | — | — | |
| | 期末存货成本 | | | | | |

（六）商品产品成本计划

商品产品成本计划编制说明：

1. 产品存货销售数量和生产数量来源于生产计划。

2. 单位产品成本来源于单位产品成本和期末产品存货成本计划。

按商品产品成本计划填列表 1-9。

表 1-9　　　　　　　　**商品产品成本计划**

年度　　　　　　　　单位：元/件

| 项目 | | 第一季度 | 第二季度 | 第三季度 | 第四季度 | 全年合计 |
| --- | --- | --- | --- | --- | --- | --- |
| 生产量 | 甲产品 | | | | | |
| | 乙产品 | | | | | |
| 销售量 | 甲产品 | | | | | |
| | 乙产品 | | | | | |
| 单位产品成本 | 甲产品 | — | — | — | — | |
| | 乙产品 | — | — | — | — | |
| 计划生产总成本 | 甲产品 | | | | | |
| | 乙产品 | | | | | |
| | 合计 | | | | | |
| 计划销售总成本 | 甲产品 | | | | | |
| | 乙产品 | | | | | |
| | 合计 | | | | | |

实验成绩：　　　　　　　　实验指导教师签名：

# 实验项目二

# 辅助生产费用归集与分配实验

## 第一部分　实验预备知识

**一、辅助生产车间的特点**

辅助生产是指为企业的基本生产车间、行政管理部门提供产品或劳务的生产车间。企业辅助生产车间的类型有：（1）产品生产型，具体包括工具加工车间、供水车间、供电车间、供汽车间；（2）劳务供应型，具体包括机修车间、运输车间等。

企业辅助生产车间具有以下特点：（1）为企业的基本生产车间、行政管理部门提供服务，一般很少对外服务；（2）辅助生产车间本期发生的费用应由受益的车间和部门负担；（3）辅助生产成本的高低，对产品成本水平有直接影响。

**二、辅助生产费用的归集**

企业为归集和分配辅助生产费用，需要设置“生产成本——辅助生产成本”科目。如果辅助生产车间只生产一种产品或只提供一种劳务，则企业按辅助生产车间设置明细账簿，归集车间发生的所有费用，不需单独设置“制造费用”科目。如果辅助生产车间生产多种产品或提供多种劳务，则企业应采用一定的方法，分配计入各有关产品或劳务成本计算单中，需单独设置“制造费用”科目进行核算。

**三、辅助生产成本的分配与结转**

（一）辅助生产成本分配结转原理

1. 辅助生产车间生产的材料、工具等产品入库后，再被受益单位领用。

（1）入库时：

借：原材料（低值易耗品）

　贷：生产成本——辅助生产成本

（2）受益单位领用时：

借：××账户——受益单位

　贷：原材料（低值易耗品）

2. 辅助生产车间提供的电、水、蒸汽、修理等产品或劳务被受益单位直接耗用。

借：××账户——受益单位

　贷：生产成本——辅助生产成本

（二）辅助生产成本在各受益单位之间的分配方法

1. 直接分配法。

直接分配法是指辅助生产车间所发生的实际费用，仅在辅助生产车间之外的受益单位之间按其受益数量进行分配的方法。该种方法的特点是辅助生产费用只对辅助生产车间之外的受益单位分配，不在辅助生产车间之间分配。其计算公式如下：

①分配率=某辅助生产车间费用总额÷该车间对外提供的产品或劳务总量

②某受益单位应分配的辅助生产费用=该受益单位的耗用量×分配率

直接分配法计算简单，但其计算的结果不够准确。该种方法主要适用于辅助生产车间之间相互提供产品或劳务较少的企业。

2. 一次交互分配法。

一次交互分配法是指辅助生产费用首先在各辅助生产车间之间相互分配后，再向辅助生产车间之外的受益单位按其受益数量进行分配的方法。该种方法的特点是辅助生产费用进行两次分配：先进行交互分配（对内分配）；再向辅助生产车间之外的受益单位分配（对外分配）。其计算公式如下：

（1）交互分配。

①对内分配率=某辅助生产车间费用总额÷该车间提供的产品或劳务总量

②某辅助生产车间应分配其他辅助生产车间的费用=该车间的耗用量×其他辅助生产车间对内分配率

（2）对外分配。

①某辅助生产车间对外分配费用额=该车间待分配费用+分入费用-分出费用

②对外分配率=该辅助生产车间对外分配费用额÷该车间对外提供产品或劳务总量

③某外部受益单位应分配的辅助生产费用=该受益单位的耗用量×对外分配率

一次交互分配法考虑了辅助生产车间相互提供产品或劳务的情况，使辅助生产成本的计算更为准确，能促使辅助生产车间降低相互之间的消耗，但影响成本核算的及时性；分配率计算也存在一定的局限性。该种方法主要适用于辅助生产车间相互之间提供产品或劳务数量较多的企业。

3. 计划成本分配法（内部结算价格法）。

计划成本分配法是指按事先确定的辅助生产车间提供的产品或劳务的计划单位成本，向各受益单位分配辅助生产费用的方法。该种方法的特点是：

（1）按事先确定的各辅助生产车间提供的产品或劳务的计划单位成本，向各受益单位分配辅助生产费用；

（2）对于按计划单位成本计算的分配额和辅助生产车间实际费用之间的差额，列入“管理费用”。其计算公式如下：

①某受益单位应分配的辅助生产费用=该受益单位的实际耗用量×计划单位成本

②某辅助生产车间计划成本=$\sum$①=该车间提供的产品或劳务数量×计划单位成本

③某辅助生产车间实际成本=该车间待分配费用+分入费用

④某辅助生产费用分配的差异额=③-②

计划成本分配法计算简单；能考核辅助生产车间成本计划执行情况，加强厂内经济核算。但如果计划单位成本制定不准确，会影响辅助生产费用分配的准确性。所以该种方法适用于计划单位成本制定比较准确的企业。

4. 代数分配法。

代数分配法是指通过建立多元一次方程组，计算各辅助生产车间提供的产品或劳务的单位成本，再按各部门实际耗用辅助生产产品或劳务的数量进行辅助生产费用分配的方法。其计算公式如下：

（1）建立多元一次方程组。

$$\text{某辅助生产车间提供产品或劳务数量} \times \text{该车间产品或劳务的单位成本（x）} = \text{该车间发生的直接费用} + \text{该车间耗用的其他辅助产品或劳务数量} \times \text{其他辅助生产车间产品或劳务的单位成本（y）}$$

解方程，计算 x、y。

（2）某受益单位应分配的辅助生产费用。

$$\text{某受益单位应分配的辅助生产费用} = \text{该受益单位的实际耗用量} \times \text{耗用产品或劳务单位成本}$$

代数分配法是分配结果最准确的辅助生产费用分配方法。如果辅助生产车间数量多时计算较复杂。该种方法主要适用于辅助生产车间数量较少或实行会计电算化的企业。

5. 顺序分配法。

顺序分配法是指按照辅助生产车间之间受益的多少进行排序后，向排序在后的辅助生产车间和其他受益单位分配辅助生产费用的方法。顺序分配法具有以下特点：

（1）根据辅助生产车间之间受益的多少进行排序，受益少的排在前，受益多的排在后；

（2）只向排序在后的辅助生产车间和其他受益单位分配辅助生产费用，不向排序在前的辅助生产车间分配辅助生产费用。其计算公式如下：

①分配率 $= \left(\text{某辅助生产车间待分配费用} + \text{分配转入费用}\right) \div \text{该车间向排序在后的辅助生产车间和其他受益单位提供产品或劳务总量}$

②某部门应分配的辅助生产费用 = 该部门的实际耗用量 × 分配率

顺序分配法计算简便，但分配结果准确性较差，不利于排序在前的辅助生产车间降低耗用，不利于调动排序在后的辅助生产车间提供产品或劳务的积极性。顺序分配法适用于辅助生产车间相互提供产品或劳务有明显顺序，而且排序在先的车间耗用的辅助生产费用比排序在后的车间耗用的辅助生产费用少的企业。

# 第二部分　实验项目设计

**一、实验目的**

通过本实验项目，使学生熟悉辅助生产费用的归集和分配原理，熟练掌握辅助生产费用各种分配方法的基本原理、适用范围和具体运用。

**二、实验要求**

1. 将实验班级的学生划分为 5 个实验小组，要求每个实验小组都必须完成辅助生产费用分配的所有方法。

2. 各实验小组组长负责组织本小组学员讨论、确定本小组实验所需数据资料。

3. 各实验小组学员根据本小组讨论、确定的实验所需数据资料和辅助生产费用分配的各种方法完成辅助生产费用归集和分配的相关实验工作（辅助生产车间不单独核算制造费用）。

**三、实验资料**

1. 贵州黔元机械厂主要生产甲、乙两种机器设备，下设有机械生产车间和供电、机修两个辅助生产车间。

2. 全厂所耗电力全部由供电辅助生产车间供应。

3. 辅助生产车间不单独核算制造费用，记账凭证编号采用收、付、转等五类号码法。

4. 供电、机修两个辅助生产车间 2022 年 4 月发生的经济业务由各小组设计。

# 实验报告

实验项目：

学院：　　　　　　　　班级：　　　　　　　　实验小组：

姓名：　　　　　　　　学号：　　　　　　　　时间：

---

实验结果：

**一、供电、机修两个辅助生产车间2022年4月发生的经济业务**

1.4月5日，机修辅助生产车间进行设备修理领用A材料________千克（关键数据设计为：500+小组序号×10。参考数据为：500），A材料计划单位成本为50元/千克，材料成本差异率为2%。

2.4月10日，供电、机修两个辅助生产车间本月应付职工薪酬分别为28 000元、33 000元。

3.4月15日，供电、机修两个辅助生产车间本月固定资产折旧费分别为4 000元、5 000元。

4.4月20日，供电辅助生产车间统一对外支付全厂电费________元（关键数据设计为：50 000+小组序号×1 000。参考数据为：50 000），增值税税率为13%。

5.4月30日，供电、机修两个辅助生产车间本月提供的产品或劳务资料见表2-1。

表2-1　**供电、机修两个辅助生产车间本月提供的产品或劳务资料**

| 辅助车间<br>受益单位 | | 供电辅助生产车间（度） | 机修辅助生产车间（工时） |
|---|---|---|---|
| 供电辅助生产车间耗用 | | — | 10 000 |
| 机修辅助生产车间耗用 | | 50 000 | — |
| 机械生产车间生产耗用 | 甲机器设备 | 80 000 | — |
| | 乙机器设备 | 50 000 | — |
| 机械生产车间一般耗用 | | 40 000 | 30 000 |
| 行政管理部门耗用 | | 20 000 | 5 000 |
| 专设销售机构耗用 | | 10 000 | 5 000 |
| 合　计 | | 250 000 | 50 000 |
| 计划单价（由选择计划成本分配法的小组设计） | | 0.5元/度 | 3元/工时 |

6. 选择适当的分配方法进行辅助生产费用的分配、结转处理。

**二、辅助生产车间日常费用归集的账务处理**

（一）根据供电、机修两个辅助生产车间 2022 年 4 月发生的经济业务 1—4 编制会计分录。

1. 机修辅助生产车间耗用材料费用账务处理。

凭证编号：

分录：

2. 供电、机修两个辅助生产车间本月应付职工薪酬账务处理。

凭证编号：

分录：

3. 供电、机修两个辅助生产车间本月固定资产折旧费账务处理。

凭证编号：

分录：

4. 供电辅助生产车间统一对外支付全厂电费账务处理。

凭证编号：

分录：

（二）登记供电、机修两个辅助生产车间辅助生产成本明细账

1. 根据编制的供电、机修两个辅助生产车间 2022 年 4 月发生的经济业务 1—4 的

会计分录登记供电、机修两个辅助生产车间辅助生产成本明细账。

2. 供电、机修两个辅助生产车间辅助生产成本明细账在后面每一种分配方法的后面（每一种方法都必须登记）。

**三、辅助生产费用月末分配结转处理**

1. 根据辅助生产费用分配方法编制辅助生产费用分配表。
2. 根据分配结果进行辅助生产费用分配结转账务处理。
3. 根据辅助生产费用分配结转账务处理登记辅助生产成本明细账。
4. 辅助生产费用分配（直接分配法）的账务处理（见表2-2至表2-4）。

凭证编号：

分录：

------------------------------------------------------------

------------------------------------------------------------

------------------------------------------------------------

------------------------------------------------------------

------------------------------------------------------------

表2-2 **辅助生产费用分配表**

（直接分配法） 单位：元/工时/度

| 项目 | | 机修车间 | 供电车间 | 合计 |
|---|---|---|---|---|
| 待分配的辅助生产费用 | | | | |
| 辅助生产车间对外提供的产品或劳务数量 | | | | — |
| 单位成本（分配率） | | | | — |
| 甲机器设备耗用 | 耗用数量 | | | — |
| | 分配金额 | | | |
| 乙机器设备耗用 | 耗用数量 | | | — |
| | 分配金额 | | | |
| 机械生产车间一般耗用 | 耗用数量 | | | — |
| | 分配金额 | | | |
| 行政管理部门耗用 | 耗用数量 | | | — |
| | 分配金额 | | | |
| 专设销售机构耗用 | 耗用数量 | | | — |
| | 分配金额 | | | |
| 合计 | | | | |

表 2-3　　　　　　　　**辅助生产成本明细账（一）**

辅助车间：供电车间　　　　　　　　　　　　　　　　　　　　单位：元

| 年 | | 凭证 | | 摘　要 | （　　）方 | | | | |
| --- | --- | --- | --- | --- | --- | --- | --- | --- | --- |
| 月 | 日 | 字 | 号 | | 材料费 | 人工费 | 折旧费 | 其他费用 | 合计 |
| | | | | | | | | | |
| | | | | | | | | | |
| | | | | | | | | | |
| | | | | | | | | | |
| | | | | | | | | | |
| | | | | | | | | | |
| | | | | | | | | | |

表 2-4　　　　　　　　**辅助生产成本明细账（二）**

辅助车间：机修车间　　　　　　　　　　　　　　　　　　　　单位：元

| 年 | | 凭证 | | 摘　要 | （　　）方 | | | | |
| --- | --- | --- | --- | --- | --- | --- | --- | --- | --- |
| 月 | 日 | 字 | 号 | | 材料费 | 人工费 | 折旧费 | 其他费用 | 合计 |
| | | | | | | | | | |
| | | | | | | | | | |
| | | | | | | | | | |
| | | | | | | | | | |
| | | | | | | | | | |
| | | | | | | | | | |
| | | | | | | | | | |

5. 辅助生产费用分配（一次交互分配法）的账务处理（见表 2-5 至表 2-7）。

凭证编号：

分录：

表 2-5

**辅助生产费用分配表**

（一次交互分配法）

单位：元/工时/度

| 项目 | | 交互分配 | | | 对外分配 | | |
|---|---|---|---|---|---|---|---|
| | | 机修车间 | 供电车间 | 合计 | 机修车间 | 供电车间 | 合计 |
| 待分配费用 | | | | | | | |
| 劳务或产品数量 | | | | — | | | — |
| 单位成本（分配率） | | | | — | | | — |
| 机修车间耗用 | 数量 | | | | | | |
| | 金额 | | | | | | |
| 供电车间耗用 | 数量 | | | | | | |
| | 金额 | | | | | | |
| 甲机器设备耗用 | 数量 | | | | | | — |
| | 金额 | | | | | | |
| 乙机器设备耗用 | 数量 | | | | | | — |
| | 金额 | | | | | | |
| 机械生产车间一般耗用 | 数量 | | | | | | — |
| | 金额 | | | | | | |
| 行政管理部门耗用 | 数量 | | | | | | — |
| | 金额 | | | | | | |
| 专设销售机构耗用 | 数量 | | | | | | — |
| | 金额 | | | | | | |
| 合计 | | | | | | | |

凭证编号：
分录：

表 2-6

## 辅助生产成本明细账

辅助车间：供电车间 单位：元

| 年 | | 凭证 | | 摘 要 | （ ）方 | | | | |
|---|---|---|---|---|---|---|---|---|---|
| 月 | 日 | 字 | 号 | | 材料费 | 人工费 | 折旧费 | 其他费用 | 合计 |
| | | | | | | | | | |
| | | | | | | | | | |
| | | | | | | | | | |
| | | | | | | | | | |
| | | | | | | | | | |
| | | | | | | | | | |
| | | | | | | | | | |

表 2-7

## 辅助生产成本明细账

辅助车间：机修车间 单位：元

| 年 | | 凭证 | | 摘 要 | （ ）方 | | | | |
|---|---|---|---|---|---|---|---|---|---|
| 月 | 日 | 字 | 号 | | 材料费 | 人工费 | 折旧费 | 其他费用 | 合计 |
| | | | | | | | | | |
| | | | | | | | | | |
| | | | | | | | | | |
| | | | | | | | | | |
| | | | | | | | | | |
| | | | | | | | | | |
| | | | | | | | | | |

6. 辅助生产费用分配（计划成本分配法）的账务处理（见表2-8至表2-10）。

凭证编号：

分录：

表2-8 **辅助生产费用分配表**

（计划成本分配法） 单位：元/工时/度

<table>
<tr><td colspan="2">项目</td><td>机修车间</td><td>供电车间</td><td>合计</td></tr>
<tr><td colspan="2">待分配费用</td><td></td><td></td><td></td></tr>
<tr><td colspan="2">劳务或产品数量</td><td></td><td></td><td>—</td></tr>
<tr><td colspan="2">计划单位成本</td><td></td><td></td><td>—</td></tr>
<tr><td rowspan="2">机修车间耗用</td><td>数量</td><td></td><td></td><td></td></tr>
<tr><td>金额</td><td></td><td></td><td></td></tr>
<tr><td rowspan="2">供电车间耗用</td><td>数量</td><td></td><td></td><td></td></tr>
<tr><td>金额</td><td></td><td></td><td></td></tr>
<tr><td rowspan="2">甲机器设备耗用</td><td>数量</td><td></td><td></td><td>—</td></tr>
<tr><td>金额</td><td></td><td></td><td></td></tr>
<tr><td rowspan="2">乙机器设备耗用</td><td>数量</td><td></td><td></td><td>—</td></tr>
<tr><td>金额</td><td></td><td></td><td></td></tr>
<tr><td rowspan="2">机械生产车间一般耗用</td><td>数量</td><td></td><td></td><td>—</td></tr>
<tr><td>金额</td><td></td><td></td><td></td></tr>
<tr><td rowspan="2">行政管理部门耗用</td><td>数量</td><td></td><td></td><td>—</td></tr>
<tr><td>金额</td><td></td><td></td><td></td></tr>
<tr><td rowspan="2">专设销售机构耗用</td><td>数量</td><td></td><td></td><td>—</td></tr>
<tr><td>金额</td><td></td><td></td><td></td></tr>
<tr><td colspan="2">计划总成本</td><td></td><td></td><td></td></tr>
<tr><td colspan="2">实际总成本</td><td></td><td></td><td></td></tr>
<tr><td colspan="2">成本差异</td><td></td><td></td><td></td></tr>
</table>

凭证编号：

分录：

表 2-9　　辅助生产成本明细账

辅助车间：供电车间　　单位：元

| 年 | | 凭证 | | 摘　要 | （　　）方 | | | | |
|---|---|---|---|---|---|---|---|---|---|
| 月 | 日 | 字 | 号 | | 材料费 | 人工费 | 折旧费 | 其他费用 | 合计 |
| | | | | | | | | | |
| | | | | | | | | | |
| | | | | | | | | | |
| | | | | | | | | | |
| | | | | | | | | | |
| | | | | | | | | | |
| | | | | | | | | | |

表 2-10　　辅助生产成本明细账

辅助车间：机修车间　　单位：元

| 年 | | 凭证 | | 摘　要 | （　　）方 | | | | |
|---|---|---|---|---|---|---|---|---|---|
| 月 | 日 | 字 | 号 | | 材料费 | 人工费 | 折旧费 | 其他费用 | 合计 |
| | | | | | | | | | |
| | | | | | | | | | |
| | | | | | | | | | |
| | | | | | | | | | |
| | | | | | | | | | |
| | | | | | | | | | |
| | | | | | | | | | |

7. 辅助生产费用分配（代数分配法）的账务处理（见表2-11 至表2-13）。

凭证编号：

分录：

表2-11 **辅助生产费用分配表**

（代数分配法）

单位：元/工时/度

| 项　目 | | 机修车间 | 供电车间 | 合计 |
|---|---|---|---|---|
| 待分配费用 | | | | |
| 劳务或产品数量 | | | | — |
| 单位成本 | | | | — |
| 机修车间耗用 | 数量 | | | — |
| | 金额 | | | |
| 供电车间耗用 | 数量 | | | — |
| | 金额 | | | |
| 甲机器设备耗用 | 数量 | | | — |
| | 金额 | | | |
| 乙机器设备耗用 | 数量 | | | — |
| | 金额 | | | |
| 机械生产车间一般耗用 | 数量 | | | — |
| | 金额 | | | |
| 行政管理部门耗用 | 数量 | | | — |
| | 金额 | | | |
| 专设销售机构耗用 | 数量 | | | — |
| | 金额 | | | |
| 合　计 | | | | |

单位成本计算：

表 2-12 **辅助生产成本明细账**

辅助车间：供电车间　　　　单位：元

| 年 | | 凭证 | | 摘　要 | （　　）方 | | | | |
|---|---|---|---|---|---|---|---|---|---|
| 月 | 日 | 字 | 号 | | 材料费 | 人工费 | 折旧费 | 其他费用 | 合计 |
| | | | | | | | | | |
| | | | | | | | | | |
| | | | | | | | | | |
| | | | | | | | | | |
| | | | | | | | | | |
| | | | | | | | | | |
| | | | | | | | | | |

表 2-13 **辅助生产成本明细账**

辅助车间：机修车间　　　　单位：元

| 年 | | 凭证 | | 摘　要 | （　　）方 | | | | |
|---|---|---|---|---|---|---|---|---|---|
| 月 | 日 | 字 | 号 | | 材料费 | 人工费 | 折旧费 | 其他费用 | 合计 |
| | | | | | | | | | |
| | | | | | | | | | |
| | | | | | | | | | |
| | | | | | | | | | |
| | | | | | | | | | |
| | | | | | | | | | |
| | | | | | | | | | |

8. 辅助生产费用分配（顺序分配法）的账务处理（见表 2–14 至表 2–16）。

凭证编号：

分录：

表 2–14

**辅助生产费用分配表**

（顺序分配法）　　　　单位：元/工时/度

| 项　目 | ______车间 | | | ______车间 | | | 甲机器设备耗用 | | 乙机器设备耗用 | | 机械生产车间一般耗用 | | 行政管理部门耗用 | | 专设销售机构耗用 | |
|---|---|---|---|---|---|---|---|---|---|---|---|---|---|---|---|---|
| | 数量 | 待分配费用 | 分配率 | 数量 | 待分配费用 | 分配率 | 数量 | 金额 | 数量 | 金额 | 数量 | 金额 | 数量 | 金额 | 数量 | 金额 |
| 待分配费用 | | | | | | | | | | | | | | | | |
| ______车间分配 | | | | | | | | | | | | | | | | |
| ______车间费用合计 | | | | | | | | | | | | | | | | |
| ______车间分配 | | | | | | | | | | | | | | | | |
| 合　计 | | | | | | | | | | | | | | | | |

辅助车间顺序排列：

表 2-15　　　　　　　　　　**辅助生产成本明细账**

辅助车间：供电车间　　　　　　　　　　　　　　　　　　单位：元

| 年 | | 凭证 | | 摘　要 | （　　）方 | | | | |
|---|---|---|---|---|---|---|---|---|---|
| 月 | 日 | 字 | 号 | | 材料费 | 人工费 | 折旧费 | 其他费用 | 合计 |
| | | | | | | | | | |
| | | | | | | | | | |
| | | | | | | | | | |
| | | | | | | | | | |
| | | | | | | | | | |
| | | | | | | | | | |
| | | | | | | | | | |

表 2-16　　　　　　　　　　**辅助生产成本明细账**

辅助车间：机修车间　　　　　　　　　　　　　　　　　　单位：元

| 年 | | 凭证 | | 摘　要 | （　　）方 | | | | |
|---|---|---|---|---|---|---|---|---|---|
| 月 | 日 | 字 | 号 | | 材料费 | 人工费 | 折旧费 | 其他费用 | 合计 |
| | | | | | | | | | |
| | | | | | | | | | |
| | | | | | | | | | |
| | | | | | | | | | |
| | | | | | | | | | |
| | | | | | | | | | |
| | | | | | | | | | |

实验成绩：　　　　　　　　　　　　　　实验指导教师签名：

# 实验项目三

# 生产费用在完工产品与在产品之间分配实验

## 第一部分　实验预备知识

### 一、生产费用在完工产品与在产品之间分配结转的原理

企业基本生产车间在生产过程中发生的各项费用，经过日常一系列的分配和归集后，已经集中反映在“生产成本——基本生产成本”科目及其明细科目的借方，这些费用是本月生产产品发生的费用，并不是本月完工产成品的成本。要计算出本月完工产成品的成本，还要将本月发生的生产费用，加上月初在产品成本，然后再将其在本月完工产品和月末在产品之间进行分配，以求得本月完工产成品成本。

本月发生的生产费用和月初、月末在产品及本月完工产成品成本四项费用的关系可用下列公式表达：

月初在产品成本+本月发生生产费用=本月完工产品成本+月末在产品成本

或：

月初在产品成本+本月发生生产费用-月末在产品成本=本月完工产品成本

公式中前两项是已知数。完工产品与月末在产品之间费用分配的方法有两类：第一类是比例法，它是将前两项之和按一定比例在后两项之间进行分配，从而求得完工产品与月末在产品的成本；第二类是倒挤法，它是先确定月末在产品成本，再计算求得完工产品的成本。

### 二、生产费用在完工产品与在产品之间分配方法的选择

生产费用在完工产品与在产品之间的分配，是成本计算工作中的一个重要而又比较复杂的问题。企业应当根据在产品数量的多少、各月在产品数量变化的大小、各项费用比重的大小，以及定额管理基础的好坏等具体条件，选择既合理又简便的分配方法。常用的方法有以下七种：

1. 在产品不计算成本法

在产品不计算成本法是指不计算月末在产品成本，将发生的全部生产费用都计入完工产品成本的方法。其计算公式如下：

①完工产品成本=生产费用总额=本月生产费用

②完工产品单位成本=①÷完工产品数量

这种方法适用于月末没有在产品或者在产品数量很小，是否计算在产品成本对完工产品成本影响不大的情况，为了简化核算工作，可以不计算在产品成本，即在产品成本是零。本月发生的产品生产费用就是完工产品的成本。

2. 在产品按固定成本计算法

在产品按固定成本计算法是指月末在产品成本按照年初确定的固定数计算，本月发生的生产费用作为完工产品成本计算的方法。其计算公式如下：

①月末在产品成本=月初在产品成本=年初固定数

②完工产品成本=生产费用总额-①=本月生产费用

③完工产品单位成本=②÷完工产品数量

这种方法适用于月末在产品数量很小，或者在产品数量虽大但各月之间在产品数量变动不大，月初、月末在产品成本的差额对完工产品成本影响不大的情况。为简化核算工作，各月在产品成本可以按年初固定数计算。采用这种方法，某种产品本月发生的生产费用就是本月完工产品的成本。年终时，根据实地盘点的在产品数量，重新调整，计算在产品成本，以避免在产品成本与实际出入过大，影响成本计算的正确性。

3. 在产品按定额成本计算法

在产品按定额成本计算法是指以产品的各项消耗定额为标准先计算出月末在产品成本，再用倒挤法计算完工产品成本的方法。其计算公式如下：

① $\text{在产品直接材料定额成本} = \sum \text{在产品数量} \times \text{单位产品材料消耗定额} \times \text{材料计划单价}$

② $\text{在产品直接工资定额成本} = \sum \text{在产品数量} \times \text{单位产品工时定额} \times \text{完工程度} \times \text{计划小时工资率}$

③ $\text{在产品制造费用定额成本} = \sum \text{在产品数量} \times \text{单位产品工时定额} \times \text{完工程度} \times \text{计划小时制造费用率}$

④月末在产品成本=月末在产品定额成本=①+②+③

⑤完工产品成本=生产费用总额-④

⑥完工产品单位成本=⑤÷完工产品数量

在产品按定额成本计算法计算简便。但定额制定不准确时，影响成本计算的准确性；而且由于无法得到在产品实际成本资料，其差异全部由完工产品成本承担。该种方法适用于定额管理基础较好，各项消耗定额和费用定额比较准确、稳定，而且各月末在产品数量变化不大的情况。

4. 约当产量比例法

所谓约当产量，是指在产品按其完工程度或投料程度折合成相当于完工产品的产量。约当产量比例法，就是将月末结存的在产品数量，按其完工程度或投料程度折合成约当产量，然后再将产品应负担的全部生产费用，按完工产品产量和在产品约当产量的比例进行分配的一种方法。这种方法的计算公式如下：

（1）分配标准：

①完工产品的分配标准为完工产品数量

②月末在产品的分配标准为在产品约当产量=月末在产品数量×完工程度或投料程度

（2）某项费用分配率=该项费用合计÷（①+②）

（3）完工产品分配的某项费用=完工产品数量×（2）

（4）月末在产品分配的某项费用=月末在产品约当产量×（2）

=该项费用合计-（3）

（5）完工产品总成本=$\sum$（3）

（6）完工产品单位成本=完工产品总成本÷完工产品数量

采用这种方法，道理不难理解，问题在于在产品完工程度或投料程度的确定比较复杂。在产品的投料程度或完工程度，一般是根据月末在产品的数量，用技术测定或其他方法计算的。

首先是投料程度的确定。

①材料在生产开始时一次投入，月末在产品投料程度为100%。

②材料分工序投入，某工序一次投入：

$$\frac{\text{某工序在产品}}{\text{原材料投料程度}}=\frac{\text{该工序单位产品}}{\text{原材料累计定额消耗量}}\div\frac{\text{单位产品原材料}}{\text{定额消耗量}}$$

③材料分工序投入，某工序陆续投入：

$$\frac{\text{某工序在产品}}{\text{原材料投料程度}}=\left(\frac{\text{上一工序累计单位}}{\text{产品定额耗用量}}+\frac{\text{本工序定额}}{\text{耗用量}}\times50\%\right)\div\frac{\text{单位产品原材料}}{\text{定额消耗量}}$$

其次是完工程度的确定。

$$\frac{\text{某工序在产品}}{\text{完工程度}}=\left(\frac{\text{上一工序累计}}{\text{单位工时定额}}+\frac{\text{本工序单位}}{\text{工时定额}}\times50\%\right)\div\frac{\text{单位产品}}{\text{工时定额}}$$

约当产量比例法主要适用于月末在产品数量较多且变动较大，产品成本中原材料费用与其他各项费用所占比重相差不大的产品。

5. 在产品按完工产品成本计算法

在产品按完工产品成本计算法是指将月末在产品视作完工产品计算成本的方法。该种方法的计算公式如下：

（1）分配标准：

①完工产品的分配标准为完工产品数量

②月末在产品的分配标准为月末在产品数量

（2）某项费用分配率=该项费用合计÷（①+②）

（3）完工产品分配的某项费用=完工产品数量×（2）

（4）月末在产品分配的某项费用=月末在产品数量×（2）

=该项费用合计-（3）

（5）完工产品总成本=$\sum$（3）

（6）完工产品单位成本=完工产品总成本÷完工产品数量

在产品按完工产品成本计算法主要适用于月末在产品已接近完工或者已经完工，只是尚未包装或尚未验收入库的产品。

6. 定额比例法

定额比例法是指按照定额消耗量或定额费用的比例，分配完工产品和月末在产品成本的一种方法。该种方法的计算公式如下：

（1）分配标准。

①完工产品定额=完工产品定额材料耗用量（或费）（直接材料）

或　　　　　　　　=完工产品定额工时耗用量（或费）（其他费用）

②月末在产品定额=月末在产品定额材料耗用量（或费）（直接材料）

或　　　　　　　　　=月末在产品定额工时耗用量（或费）（其他费用）

（2）某项费用分配率=该项费用合计÷（①+②）

（3）完工产品分配的某项费用=完工产品定额×（2）

（4）月末在产品分配的某项费用=月末在产品定额×（2）

=该项费用合计-（3）

（5）完工产品总成本=$\sum$（3）

（6）完工产品单位成本=完工产品总成本÷完工产品数量

定额比例法计算简便，也便于考核和分析企业各项定额指标的完成情况。但在产品品种及生产工序较多的情况下，计算工作量较大。该种方法主要适用于定额管理基础较好，各项消耗定额或费用定额比较准确、稳定，而且月末在产品数量变动较大的产品。

7. 在产品按所耗直接材料费用计算法

在产品按所耗直接材料费用计算法是指在产品只负担材料费用，其他费用全部由完工产品负担的成本计算方法。该种方法的计算公式如下：

①直接材料费用分配率=直接材料费用总额÷（完工产品数量+在产品数量）

②月末在产品成本=在产品数量×直接材料费用分配率

③完工产品总成本=完工产品数量×直接材料费用分配率+本月其他费用合计

或　　　　　　　　=本月生产费用合计-在产品成本

④完工产品单位成本=完工产品总成本÷完工产品数量

在产品按所耗直接材料费用计算法计算简便，但计算结果不准确。这种方法适合于原材料费用在产品成本中所占比重较大，而且原材料是在生产开始时一次就全部投入的情况。为了简化核算工作，月末在产品可以只计算原材料费用，其他费用全部由完工产品负担。

# 第二部分　实验项目设计

**一、实验目的**

通过本实验项目，使学生熟悉费用在完工产品与在产品之间的分配原理，熟练掌握费用在完工产品与在产品之间分配的各种方法的基本原理和适用范围。

**二、实验要求**

1. 将实验班级学生划分为 5 个实验小组，要求每个小组必须完成费用在完工产品与在产品之间分配的各种方法。

2. 各实验小组组长负责组织本小组学员讨论确定本小组实验所需数据资料和相关条件。

3. 各实验小组学员根据本小组讨论确定的实验所需数据资料和费用在完工产品与在产品之间的分配方法，完成费用在完工产品与在产品之间分配的相关实验工作。

**三、实验资料**

贵州黔元机械厂生产甲机器设备的工艺过程为：原材料分别一次投入第一、第二生产车间，分别加工成 A、B 两种部件，再由第三生产车间组装成甲机器设备，如图 3-1 所示。

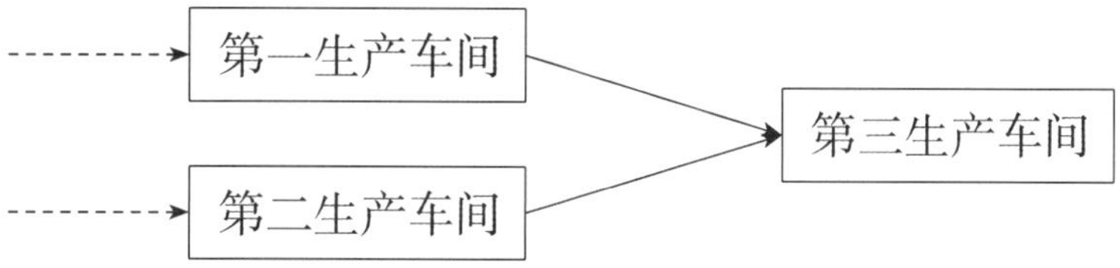


**图 3-1　贵州黔元机械厂生产流程图**

第一、第二生产车间生产 A、B 两种部件，均耗用同一种材料，第三生产车间组装甲机器设备耗用 A、B 两种部件的关系为：2A+1B=1 甲。

贵州黔元机械厂按产品品种归集费用，计算产品成本。2022 年 5 月生产甲产品的有关数据资料如下。

1. 本月完工产品甲机器设备________台（关键数据设计为：1 000+小组序号×100。参考数据为：1 000），月末各车间在产品在本车间的完工程度为 50%，在产品数量和定额资料见表 3-1。

表 3-1　　　　**单位产品定额和月末在产品数量统计表**

| 车间 | 单位产品材料定额（千克/台） | 单位产品工时定额（工时/台） | 月末在产品数量（台） |
|---|---|---|---|
| 一（A） | 20 | 5 | 200 |
| 二（B） | 10 | 4 | 100 |
| 三（甲） | | 6 | 100 |
| 合计（甲） | 50 | 20 | — |

计划价格：材料 15 元/千克；工资率 20 元/工时；制造费用率 12 元/工时。

2. 2022 年 5 月生产产品发生的费用见表 3-2。

表 3-2　　**甲产品生产费用统计表**　　单位：元

| 成本项目 | 直接材料 | 直接人工 | 制造费用 | 合计 |
| --- | --- | --- | --- | --- |
| 月初在产品成本 | 120 000 | 80 000 | 100 000 | 300 000 |
| 本月费用 | 580 000 | 220 000 | 200 000 | 1 000 000 |
| 费用合计 | 700 000 | 300 000 | 300 000 | 1 300 000 |

3. 生产费用在完工产品与在产品之间分配方法：

约当产量比例法（　　）　　定额比例法（　　）

在产品按定额成本计算法（　　）　　在产品按固定成本计算法（　　）

在产品按完工产品成本计算法（　　）

# 实验报告

实验项目：

学院：　　　　班级：　　　　实验小组：

姓名：　　　　学号：　　　　时间：

实验结果：

1. 约当产量比例法。

（1）按投料程度计算在产品约当产量（见表3-3）。

表3-3　**在产品约当产量计算表（按投料程度）**　数量单位：台

| 车间 | 在产品数量 | 投料程度 | 约当产量 |
|---|---|---|---|
| 一 | | | |
| 二 | | | |
| 三 | | | |
| 合计 | | | |

（2）按完工程度计算在产品约当产量（见表3-4）。

表3-4　**在产品约当产量计算表（按完工程度）**　数量单位：台

| 车间 | 在产品数量 | 完工程度 | 约当产量 |
|---|---|---|---|
| 一 | | | |
| 二 | | | |
| 三 | | | |
| 合计 | | | |

（3）甲产品成本计算单（见表3-5）。

表3-5　**成本计算单**

品种：　　　完工产品数量：　　台　　年　　月　　日　　　单位：元

| 成本项目 | | 直接材料 | 直接人工 | 制造费用 | 合计 |
|---|---|---|---|---|---|
| 月初在产品成本 | | | | | |
| 本月生产费用 | | | | | |
| 生产费用合计 | | | | | |
| 分配标准 | 完工产品 | | | | |
| | 月末在产品 | | | | |
| 分配率（单位成本） | | | | | |
| 完工产品总成本 | | | | | |
| 月末在产品成本 | | | | | |

（4）结转完工产品成本会计分录：

2. 定额比例法。

（1）完工产品、月末在产品材料定额、工时定额耗用量计算表（见表3-6）。

表3-6　**完工产品、月末在产品材料定额、工时定额耗用量计算表**

| 项目 | | 材料定额耗用量（千克） | 工时定额耗用量（工时） |
| --- | --- | --- | --- |
| 完工产品 | | | |
| 月末在产品 | 一车间 | | |
| | 二车间 | | |
| | 三车间 | | |
| | 小计 | | |

（2）甲产品成本计算单（见表3-7）。

表3-7　**成本计算单**

品种：　　　完工产品数量：　台　　年　　月　　日　　　　　　单位：元

| 成本项目 | | 直接材料 | 直接人工 | 制造费用 | 合计 |
| --- | --- | --- | --- | --- | --- |
| 月初在产品成本 | | | | | |
| 本月生产费用 | | | | | |
| 生产费用合计 | | | | | |
| 分配标准 | 完工产品 | | | | |
| | 月末在产品 | | | | |
| 分配率（单位成本） | | | | | |
| 单位成本 | | | | | |
| 完工产品总成本 | | | | | |
| 月末在产品成本 | | | | | |

（3）结转完工产品成本会计分录：

3. 在产品按定额成本计算法。

（1）月末在产品材料定额、工时定额耗用量计算表（见表3-8）。

表3-8 **月末在产品材料定额、工时定额耗用量计算表**

| 项目 | | 材料定额耗用量（千克） | 工时定额耗用量（工时） |
|---|---|---|---|
| 月末在产品 | 一车间 | | |
| | 二车间 | | |
| | 三车间 | | |
| | 小计 | | |

（2）月末在产品定额成本计算表（见表3-9）。

表3-9 **月末在产品定额成本计算表** 单位：元

| 成本项目 | 月末在产品定额成本 |
|---|---|
| 直接材料 | |
| 直接人工 | |
| 制造费用 | |
| 合计 | |

（3）甲产品成本计算单（见表3–10）。

表3–10

**成本计算单**

品种：　　　完工产品数量：　台　　年　　月　　日　　　　　　　　单位：元

| 成本项目 | 直接材料 | 直接人工 | 制造费用 | 合计 |
|---|---|---|---|---|
| 月初在产品成本 | | | | |
| 本月生产费用 | | | | |
| 生产费用合计 | | | | |
| 完工产品总成本 | | | | |
| 单位成本 | | | | |
| 月末在产品成本（定额） | | | | |

（4）结转完工产品成本会计分录：

4. 在产品按固定成本计算法。

（1）甲产品成本计算单（见表3–11）。

表3–11

**成本计算单**

品种：　　　完工产品数量：　台　　年　　月　　日　　　　　　　　单位：元

| 成本项目 | 直接材料 | 直接人工 | 制造费用 | 合计 |
|---|---|---|---|---|
| 月初在产品成本 | | | | |
| 本月生产费用 | | | | |
| 生产费用合计 | | | | |
| 完工产品总成本 | | | | |
| 单位成本 | | | | |
| 月末在产品成本 | | | | |

（2）结转完工产品成本会计分录：

5. 在产品按完工产品成本计算法。

（1）第一、二车间月末没有在产品，第三车间月末在产品为600台，已完工尚未包装。

（2）甲产品成本计算单（见表3-12）。

表3-12 **成本计算单**

品种： 完工产品数量： 台 年 月 日 单位：元

| 成本项目 | | 直接材料 | 直接人工 | 制造费用 | 合计 |
| --- | --- | --- | --- | --- | --- |
| 月初在产品成本 | | | | | |
| 本月生产费用 | | | | | |
| 生产费用合计 | | | | | |
| 分配标准 | 完工产品 | | | | |
| | 月末在产品 | | | | |
| 分配率（单位成本） | | | | | |
| 完工产品总成本 | | | | | |
| 月末在产品成本 | | | | | |

（3）结转完工产品成本会计分录：

实验成绩：　　　　　　　　实验指导教师签名：

# 实验项目四

# 产品成本计算品种法实验

## 第一部分　实验预备知识

### 一、品种法概述

品种法是指以产品的品种为成本计算对象来归集费用，计算产品成本的一种方法。品种法是一种比较简单的计算产品成本的方法。一般适用于大量大批的简单生产（单步骤生产），如自来水的生产、原煤原油的开采等。在大量大批多步骤生产的企业或车间，如果管理上不要求按照生产步骤计算产品成本，也可以采用品种法计算产品成本，如砖瓦厂、造纸厂、小型水泥厂。企业的辅助生产车间也可以采用品种法计算产品成本。

品种法按品种多少可以划分为：（1）简单品种法，适用于单品种的大量大批、单步骤生产的企业；（2）典型品种法，适用于多品种的大量大批、单步骤生产企业或者管理上不要求按照生产步骤计算产品成本的多步骤生产企业。

### 二、品种法的特点

1. 成本计算对象

品种法以产品品种作为成本计算对象，并据以设置产品成本明细账，归集生产费用，计算产品成本。如果企业生产的产品不止一种，就需要以每一种产品作为成本计算对象，分别设置产品成本明细账。

2. 成本计算期

由于大量大批的生产是不间断的连续生产，无法按照产品的生产周期来归集生产费用，计算产品成本，因而只能定期按月计算产品成本，从而将本月的销售收入与产品生产成本配比，计算本月损益。因此，产品成本是定期按月计算的，与报告期一致，与产品生产周期不一致。

3. 生产费用是否需要在完工产品和在产品之间进行分配

如果采用品种法计算产品成本的企业是大量大批、简单生产的企业，由于简单生产是一个生产步骤就完成了整个生产过程，所以月末（或者任何时点）一般没有在产品，因此，计算产品成本时不需要将生产费用在完工产品和在产品之间进行分配。如果采用品种法计算产品成本的企业是管理上不要求分步骤计算产品成本的大量大批、复杂生产的企业，由于复杂生产是需要经过多个生产步骤的，所以月末（或者任何时点）一般生产线上都会有在产品，因此，计算产品成本时就需要将生产费用在完工产品和在产品之间进行分配。可根据具体情况，选择合适的方法将生产费用在完工产品和在产品之间进行分配。

**三、品种法的成本计算程序**

（一）简单品种法的成本计算程序

1. 只设置“生产成本”总账科目，并以成本项目为专栏设置“生产成本明细账”和“产品成本计算单”，具体成本项目可以结合生产费用的经济性质和经济用途进行设置。平时发生所有费用需要进行如下账务处理：

借：生产成本——××产品（××费用项目）

　贷：××账户

2. 月末一般不存在在产品，所以，直接结转完工产品成本。

借：库存商品——××产品（入库）

　　主营业务成本（直接销售）

　贷：生产成本——××产品

（二）典型品种法的成本计算程序

1. 根据产品的品种设置“生产成本——基本生产成本”明细账和“产品成本计算单”。

2. 审核、归集和分配生产过程中发生的各项费用。

借：生产成本——基本生产成本（××产品）

　　××账户

　贷：××账户

3. 分配结转“生产成本——辅助生产成本”明细账。

借：生产成本——基本生产成本（××产品）

　　××账户

　贷：生产成本——辅助生产成本（××车间）

4. 将本月发生的制造费用在各种产品之间进行分配。

借：生产成本——基本生产成本（××产品）

　贷：制造费用

5. 计算分配在产品和完工产品的成本，结转各产品成本计算单中的完工产品成本。

借：库存商品——××产品

　贷：生产成本——基本生产成本（××产品）

# 第二部分　实验项目设计

## 一、实验目的

通过本实验项目，使学生熟悉和掌握产品成本计算品种法的基本原理和具体运用。

## 二、实验要求

根据实验材料，要求学生按照典型品种法的基本理论完成该公司的成本计算。

## 三、实验资料

黔元有限责任公司于2021年12月建成，于2022年1月正式投产。该公司建有一个基本生产车间和一个机修辅助生产车间，前者生产甲、乙两种产品，后者提供一种修理劳务。2022年1月份投产：甲产品________件（关键数据设计为：6 000+小组序号×100。参考数据为：6 000），月末全部完工；乙产品________件（关键数据设计为：8 000+小组序号×100。参考数据为：8 000），完工产品2 000件，其余为月末在产品，完工程度50%。甲、乙两种产品材料均在生产开始时一次投入。甲、乙两种产品单位定额工时分别为60工时/件、50工时/件。机修辅助生产车间提供劳务5 000工时，其中：生产车间3 000工时，行政部门2 000工时。辅助生产的制造费用不通过“制造费用”科目核算。

黔元有限责任公司按典型品种法计算成本，记账凭证采用收、付、转三类号码法编号。2022年1月份发生的有关经济业务如下：

（1）5日，生产耗用原材料1 709 000元，其中直接用于甲、乙产品生产1 120 000元，用作基本生产车间机物料121 000元；直接用于辅助生产270 000元，用作辅助生产车间机物料93 000元；用于企业行政管理部门105 000元。按投产量比例分配材料费用。

（2）10日，发生工资费用780 000元，其中基本生产车间生产工人工资340 000元，基本生产车间管理人员工资130 000元；辅助生产车间生产工人工资110 000元，管理人员工资50 000元，企业行政管理人员工资150 000元。按定额工时比例分配工资费用。

（3）15日，计提固定资产折旧费64 300元，其中基本生产车间27 400元，辅助生产车间15 300元，行政管理部门21 600元。

（4）20日，用银行存款支付其他费用59 000元，其中基本生产车间26 000元，辅助生产车间14 000元，行政管理部门19 000元。

（5）31日，按机修辅助生产车间提供的劳务比例分配辅助生产车间提供的劳务费用。

（6）31日，基本生产车间的制造费用按产品定额工时比例法分配结转。

（7）31日，按约当产量比例法计算结转完工产品成本。

# 实验报告

实验项目：

学院：　　班级：　　实验小组：

姓名：　　学号：　　时间：

---

实验结果：

1. 材料费用分配（见表4-1）及账务处理。

表4-1　　**材料费用分配表**

年　　月　　日　　　　金额单位：元

| 分配对象 | 直接计入 | 分配计入 | | | 材料费用合计 |
|---|---|---|---|---|---|
| | | 分配标准 | 分配率 | 分配金额 | |
| 甲产品 | | | | | |
| 乙产品 | | | | | |
| 小　计 | | | | | |
| 辅助生产车间耗用 | | | | | |
| 基本生产车间一般耗用 | | | | | |
| 行政管理耗用 | | | | | |
| 合　计 | | | | | |

账务处理：

凭证编号：

分录：

2. 工资费用分配（见表4-2）及账务处理。

表 4-2 **工资费用分配表**

年　　月　　日　　　　金额单位：元

| 分配对象 | 直接计入 | 分配计入 | | | 职工薪酬费用合计 |
|---|---|---|---|---|---|
| | | 分配标准 | 分配率 | 分配金额 | |
| 甲产品 | | | | | |
| 乙产品 | | | | | |
| 小　计 | | | | | |
| 辅助生产车间 | | | | | |
| 基本生产车间管理人员 | | | | | |
| 行政管理部门 | | | | | |
| 合　计 | | | | | |

账务处理：

凭证编号：

分录：

3. 固定资产折旧费的账务处理。

凭证编号：

分录：

4. 支付其他费用的账务处理。

凭证编号：

分录：

5. 辅助生产费用分配结转及账务处理（见表 4–3 和表 4–4）。

表 4–3

**辅助生产成本明细账**

二级科目： 单位：元

| 年 | | 凭证 | | 摘要 | （借）方 | | | | |
|---|---|---|---|---|---|---|---|---|---|
| 月 | 日 | 字 | 号 | | 材料费 | 人工费 | 折旧费 | 其他费用 | 合　计 |
| | | | | | | | | | |
| | | | | | | | | | |
| | | | | | | | | | |
| | | | | | | | | | |
| | | | | | | | | | |
| | | | | | | | | | |
| | | | | | | | | | |

表 4–4

**辅助生产费用分配表**

（直接分配法）

年　　月　　日 单位：元/工时/度

| 辅助生产车间 | 待分配费用 | 分配数量 | 分配率 | 分配对象 | | | | | |
|---|---|---|---|---|---|---|---|---|---|
| | | | | 制造费用 | | 管理费用 | | 合　计 | |
| | | | | 数量 | 金额 | 数量 | 金额 | 数量 | 金额 |
| 机修车间 | | | | | | | | | |

账务处理：

凭证编号：

分录：

6. 制造费用分配结转及账务处理（见表 4–5 和表 4–6）。

表 4-5　　制造费用明细账

二级科目：　　　　单位：元

| 年 | | 凭证 | | 摘要 | （　　）方 | | | | | |
|---|---|---|---|---|---|---|---|---|---|---|
| 月 | 日 | 字 | 号 | | 材料费 | 人工费 | 修理费 | 折旧费 | 其他费用 | 合　计 |
| | | | | | | | | | | |
| | | | | | | | | | | |
| | | | | | | | | | | |
| | | | | | | | | | | |
| | | | | | | | | | | |
| | | | | | | | | | | |
| | | | | | | | | | | |

表 4-6　　制造费用分配表

年　　月　　日　　　　金额单位：元

| 分配对象 | 分配标准（定额工时） | 分配率 | 分配金额 |
|---|---|---|---|
| 甲产品 | | | |
| 乙产品 | | | |
| 合　计 | | | |

账务处理：

凭证编号：

分录：

------------------------------------------------------------

------------------------------------------------------------

------------------------------------------------------------

7. 完工产品成本计算及账务处理（见表 4-7 至表 4-10）。

表 4-7　　基本生产成本明细账

二级科目：甲产品　　　　单位：元

| 年 | | 凭证 | | 摘　要 | （借）方 | | | |
|---|---|---|---|---|---|---|---|---|
| 月 | 日 | 字 | 号 | | 直接材料 | 直接人工 | 制造费用 | 合计 |
| | | | | | | | | |
| | | | | | | | | |
| | | | | | | | | |
| | | | | | | | | |
| | | | | | | | | |
| | | | | | | | | |

表 4-8 **基本生产成本明细账**

二级科目：乙产品　　单位：元

| 年 | | 凭证 | | 摘　要 | （借）方 | | | |
|---|---|---|---|---|---|---|---|---|
| 月 | 日 | 字 | 号 | | 直接材料 | 直接人工 | 制造费用 | 合计 |
| | | | | | | | | |
| | | | | | | | | |
| | | | | | | | | |
| | | | | | | | | |
| | | | | | | | | |
| | | | | | | | | |

表 4-9 **产品成本计算单**

品种：甲产品　　完工数量：

月末在产品数量：　　完工程度：　　单位：元

| 成本项目 | 直接材料 | 直接人工 | 制造费用 | 合计 |
|---|---|---|---|---|
| 月初在产品成本 | | | | |
| 本月生产费用 | | | | |
| 生产费用合计 | | | | |
| 完工产品总成本 | | | | |
| 单位成本 | | | | |

表 4-10 **产品成本计算单**

品种：乙产品　　完工数量：

月末在产品数量：　　完工程度：　　单位：元

| 成本项目 | | 直接材料 | 直接人工 | 制造费用 | 合计 |
|---|---|---|---|---|---|
| 月初在产品成本 | | | | | |
| 本月生产费用 | | | | | |
| 生产费用合计 | | | | | |
| 分配标准 | 完工产品 | | | | |
| | 月末在产品 | | | | |
| 分配率（单位成本） | | | | | |
| 完工产品总成本 | | | | | |
| 月末在产品成本 | | | | | |

账务处理：
凭证编号：
分录：

实验成绩：　　　　　　　　　　实验指导教师签名：

# 实验项目五

# 产品成本计算分批法实验

## 第一部分　实验预备知识

### 一、分批法的概念

分批法亦称订单法，它是以产品的批别（或订单）为成本计算对象来归集费用、计算产品成本的一种方法。分批法一般适用于单件小批生产类型的企业，例如船舶制造、重型机械制造以及精密仪器、专用设备生产等企业。此外，对于新产品的试制、工业性修理作业和辅助生产的工具模具制造等，也可以采用分批法计算成本。

在单件小批生产类型企业中，产品的生产一般是根据用户的订单组织的，生产何种产品、每批产品的批量大小以及完工时间，通常要根据需用单位的订单加以确定，但同时也要考虑订单的具体情况，并结合企业的生产负荷程度合理组织产品生产的批次及批量。如果一张订单中要求生产多种产品，为了考核和分析各种产品成本计划的执行情况，便于加强生产管理，企业应将这一订单按产品品种加以划分，设置多个批别的成本计算对象。如果一张订单上只要求生产一种产品，但数量较多，超过企业生产负荷能力，不便于集中一次投料，或企业难以满足用户分批交货的要求，就可以划分多个批别，分别组织生产。如果在同一时期内，接到的几张订单要求生产同一种产品，为了经济合理地组织生产，也可以将几张订单合为一批进行生产。对于大型复杂产品的生产，例如万吨巨轮的制造，由于其价值大，生产周期长，也可以按其零部件构成分批组织生产，计算成本。由此可见，分批法是依据内部订单（即“生产任务通知单”）来组织生产的，由于在不同批别之间可能存在着生产同一种产品的情况，其领用的材料和加工的工艺相同，因此在领料、产品结转、工时登记过程中，尤其应防止“串批”现象，以确保各批产品成本计算的准确性。

按日常费用分配和归集的方法不同，分批法分为一般（典型）分批法和简化分批法。一般（典型）分批法是指日常发生的各项费用均按批别（或订单）进行分配和归集，各批完工产品成本从各批别（或订单）成本明细账中转出的分批法。简化分批法是指日常发生的各项费用均全部归集在不分批别（或订单）的“生产成本——基本生产成本”二级账中，只有能够直接归属于各批产品耗用的直接材料费才按批别（或订单）进行分配和归集，各批完工产品成本从“生产成本——基本生产成本”二级账中转出的分批法。

### 二、分批法的特点

1. 以产品的批别（或订单）作为成本计算对象。企业产品批别的组织由生产计划部门负责，生产计划部门依据用户订单签发一式多份的“生产任务通知单”，供应部门据以备料，生产部门据以安排生产，财会部门据以设置成本明细账。对于某批产品直接发生的、专设成本项目的费用，应根据原始凭证或费用分配表，直接计入该批产品成本计算单的有关项目中；对于不能按批别划分的间接费用，则应按费用发生的地点先加以归集，期末再在各受益对象之间进行分配。

2. 成本计算期与产品生产周期一致，而与会计报告期不一致。采用分批法计算产品成本的企业，各批产品成本计算单虽然仍按月归集费用，但只有在该批次或订单产品全部完工时，才能计算其实际成本。当某一批次产品完工后，各基本生产车间应及时进行清理盘点，盘点出来的该批次的在产品及剩余材料应办理退库手续并相应冲减该批次产品成本。如果某批次产品尚未完工，则不计算其成本。因此，分批法的产品成本计算是不定期的，成本计算期与某批次或订单产品的生产周期一致。

3. 除特殊情况外，通常不存在完工产品与月末在产品之间分配生产费用问题。由于分批法是按批别或订单归集产品费用，所以生产周期结束，某批完工产品成本明细账上归集的费用，即为完工产品的成本，应全部转出。而在未完工批次产品成本明细账中归集的费用，全部为在产品成本，仍留在该批产品成本明细账中。因此，在通常情况下，生产费用不需在完工产品与在产品之间进行分配。但是，如果产品批量较大，出现产品跨月陆续完工和分次交货的情况时，就应该采取适当的方法计算完工产品成本和月末在产品成本。如果是大批量投产，批内陆续完工数量不多，可以采用按计划成本、定额成本或近期同种产品实际成本计算完工产品成本的方法，从成本计算单中转出批内完工产品的成本，剩余生产费用即为在产品成本，待该批产品全部完工时，再合并计算其实际总成本和单位成本，对前期陆续完工并已转账的完工产品成本，不需再作账面调整；如果是大批投产，批内跨月完工数量较多，则应采用适当的方法，如约当产量法等，在完工产品和在产品之间分配费用。

4. 间接费用在不同批次之间的分配可选择采用“当月分配法”或“累计分配法”。

“当月分配法”的特点是在分配间接费用（主要为制造费用）时，不论各批次或各订单产品是否完工，都要按当月分配率分配其应负担的间接费用。采用“当月分配法”，各月份月末间接费用明细账没有余额，未完工批次或订单也要按月结转间接费用。

如果企业投产批次比较多且多数为未完工批次或订单，则按月结转未完工批次产品的间接费用意义不大，而且手续烦琐，在这种情况下，就应考虑采用“累计分配法”分配间接费用。“累计分配法”的特点是分配间接费用时，只对当月完工的批次或订单按累计分配率进行分配，将未完工批次或订单的间接费用总额保留在间接费用明细账中不进行分配，但在各批产品成本计算单中要按月登记发生的工时，以便计算各月的累计分配率并在某批次产品完工时，按其累计工时汇总结转应负担的间接费用总额。采用“累计分配法”，间接费用明细账月末留有余额，完工批次或订单一次负担其间接费用，因此可以简化成本核算工作。但是，如果各月份的间接费用水平相差悬殊，采用这种方法会影响到各月成本计算的准确性。

### 三、一般（典型）分批法的成本计算程序

在采用一般（典型）分批法计算批别或订单的产品成本时，其成本计算的一般程序为：

1. 财会部门根据生产计划部门下达的“生产任务通知单”中注明的工作令号，开设各批别或订单的“生产成本——基本生产成本”明细账，明细账中按成本项目设置专栏，同时增加“生产工时”专栏。

对生产过程中发生的各项费用进行审核、分配和归集，编制各种要素费用分配表，据以登记“生产成本——基本生产成本”明细账、“生产成本——辅助生产成本”明细账、“制造费用”明细账等。对于生产中发生的为某批产品生产直接耗用的，并专设了成本项目的费用，可以根据原始凭证和各项费用分配表等有关资料直接计入该批产品“基本生产成本”明细账中的相关成本项目；发生的其他间接费用，应先按其发生地点归集在该车间的“制造费用”明细账中。其账务处理如下：

借：生产成本——基本生产成本——×批产品（基本生产车间生产产品耗用并专设成本项目的费用）

　　生产成本——辅助生产成本——×车间（辅助生产车间耗用的费用）

　　制造费用（生产产品所耗用，但没有专设成本项目的费用和生产车间一般耗用的间接费用）

　　管理费用（企业行政管理部门耗用的费用）

　　销售费用（企业销售部门耗用的费用）

　　财务费用（利息、结算手续等费用）

　贷：原材料、应付职工薪酬等资产或负债账户

2. 月末，将归集在“生产成本——辅助生产成本”明细账中的全部费用，按照各批产品和各受益单位耗用的辅助生产产品或劳务的数量，选择适当的方法，编制“辅助生产费用分配表”，分配结转辅助生产费用，并登记到受益批次产品的“基本生产成本”明细账和受益单位的费用明细账中。其账务处理如下：

借：生产成本——基本生产成本——×批产品

　　××账户（其他受益单位）

　贷：生产成本——辅助生产成本——×车间

3. 月末，将归集在基本生产车间“制造费用”明细账的费用，根据投产的批别或订单的完成情况，选择采用“当月分配法”或“累计分配法”分配结转制造费用。对于投产批别多数完工的情况，或各月费用发生不均衡的情况，应采用“当月分配法”；反之，则应选择“累计分配法”。同时，编制“制造费用分配表”，分配结转制造费用，并据以登记“基本生产成本”明细账。其账务处理如下：

借：生产成本——基本生产成本——×批产品

　贷：制造费用

4. 经过上述程序，对于应计入产品成本的各项费用，都已按产品批别或订单归集到了“生产成本——基本生产成本——×批产品”成本明细账中。根据该成本明细账就

可以编制成本计算单，计算结转完工产品成本。如果某批产品全部完工，则累计的生产费用即为完工产品的总成本；如果某批产品全部未完工，则累计的生产费用即为月末在产品成本；当某批产品批量较大，又存在跨月陆续完工或分次交货情况时，应在批内计算完工产品成本和月末在产品成本。计算方法一般有以下两类：

（1）先计算出完工产品成本，然后用生产费用减去完工产品成本，挤出月末在产品成本。在计划成本或定额成本制定比较准确的企业里，可根据计划成本或定额成本计算完工产品成本。如果没有准确的计划或定额资料，可根据近期同种产品的实际成本，在综合分析各项影响成本的因素后，确定完工产品成本。

（2）采用适当的方法，分配计算出批内完工产品成本和月末在产品成本。一般可选择采用约当产量法和定额比例法等具体方法。

当批内完工数量不多时，可选择前一类计算方法，反之，则考虑用后一类计算方法。由于这两类计算方法都带有一定的假定性，所以还需在整批产品全部完工时，重新计算该批产品的总成本和单位成本。

月末，将各批完工产品成本以及批内陆续完工产品的成本加以汇总，编制“完工产品成本汇总表”，结转完工入库产品的成本。结转完工产品成本的账务处理如下：

借：库存商品——×批产品

　　贷：生产成本——基本生产成本——×批产品

**四、简化分批法**

在单件小批量生产的企业或车间里，当各月投产的产品批数较多且生产周期较长、月末未完工产品的批别也较多，把各项间接费用分配于若干批产品时，其成本核算工作量很大。为了减少成本会计的工作量，可以采用不分批次计算在产品成本的简化分批法。简化分批法是将各批产品的间接费用在基本生产成本二级账中先累计起来，等待产品完工时再根据累计工时分配各项间接费用，计算各批完工产品成本的方法。

简化分批法成本计算的一般程序为：

1. 财会部门设置“生产成本——基本生产成本”二级账，二级账中按成本项目设置专栏，同时增设“生产工时”专栏，平时用来累计登记生产各批产品（不分批别）发生的各项费用和生产工时。

同时，根据生产计划部门下达的“生产任务通知单”中注明的工作令号，开设各批别或订单的“生产成本——基本生产成本——×批产品”成本明细账。明细账中按成本项目设置专栏，同时增设“生产工时”专栏，平时只用来登记各批次产品耗用的直接材料和生产工时。

对生产过程中发生的各项费用，除直接材料费需要按批别归集外，其他费用都不需要按批别归集，全部归集在“生产成本——基本生产成本”二级账中。

2. 月末，在“生产成本——基本生产成本”二级账中，计算除直接材料以外的其他各项间接费用分配率。

$$某项费用分配率=\frac{该项费用累计金额}{各批产品累计生产工时}$$

3. 在有完工产品批次的“生产成本——基本生产成本——×批产品”明细账中计算该批完工产品成本。

（1）直接材料按投料程度计算约当产量，再按约当产量比例法计算。

（2）其他成本项目=完工产品工时×二级账中该项费用分配率

4. 将各批完工产品成本之和从“生产成本——基本生产成本”二级账中转出。结转完工产品成本的账务处理如下：

借：库存商品——×批产品

　贷：生产成本——基本生产成本

简化分批法的主要特点有以下三点：

（1）设置基本生产成本二级账。基本生产成本二级账除按规定的成本项目设专栏外，还需要增设“生产工时”专栏。其二级账的作用在于：按月登记所有批别产品的累计生产费用（包括直接费用和间接费用）和累计生产工时。二级账中不仅要按成本项目登记所有批别产品的月初在产品费用、本月生产费用和累计生产费用，而且还要登记所有批别产品的月初在产品生产工时、本月生产工时和累计生产工时。

（2）简化了间接费用的分配。每月发生的间接费用，先在基本生产成本二级账中累计起来，在有完工产品的月份，月末才按各该批完工产品的累计生产工时和累计间接费用分配率计算完工产品应分摊的间接费用，从而计算出完工产品成本和应该保留在二级账中的月末在产品成本。没有完工产品的月份，则不需要分配间接费用。

（3）各批次产品基本生产成本明细账中除了完工产品成本外，均不反映间接费用项目的成本，月末在产品只反映直接材料费用和生产工时数量。

# 第二部分　实验项目设计

## 一、实验目的

通过本实验项目，使学生熟悉和掌握产品成本计算分批法的基本原理和具体运用。

## 二、实验要求

1. 将实验班级学生划分为5个实验小组。要求每个实验小组都必须完成产品成本计算分批法的一般（典型）分批法和简化分批法两种方法。

2. 各实验小组组长负责组织本小组学员根据要求，讨论确定本小组实验所需数据资料和相关条件。

3. 各实验小组学员根据产品成本计算分批法的具体方法，完成该公司成本计算。

## 三、实验资料

贵阳永生成衣有限公司是一家专门从事工作服装生产的专业生产企业。2022年6月有关产品的生产资料如下：

（一）产品生产订单（见表5-1）

表5-1　**产品生产订单**

| 客户单位 | 订单批号 | 品名 | 材质 | 数量 | 订货时间 | 交货时间 |
|---|---|---|---|---|---|---|
| 东华中学 | 503# | 工作服套装 | 化纤 | 30套 | 5月10日 | 6月30日 |
| 贵州新华学院 | 504# | 工作服套装 | 化纤 | 100套 | 5月20日 | 7月20日 |
| 工行贵州省分行 | 601# | 工作服套装 | 毛纺 | 40套 | 6月5日 | 7月5日 |
| 贵化公司 | 602# | 工作服套装 | 棉纺 | 60套 | 6月10日 | 7月30日 |

（二）本月生产情况（见表5-2）

表5-2　**生产情况统计表**

| 订单批号 | 投产日期 | 投产量 | 本月实际生产工时 | 完工数量 | 月末在产品及完工程度 |
|---|---|---|---|---|---|
| 503# | 5月12日 | 30套 | 200工时 | 30套 | — |
| 504# | 5月21日 | 100套 | 1 380工时 | 70套 | 30套，80% |
| 601# | 6月8日 | 40套 | 800工时 | 40套 | — |
| 602# | 6月12日 | 60套 | 720工时 | 0 | 60套，60% |

（三）月初在产品成本资料（见表 5-3）

表 5-3 **月初在产品成本统计表** 金额单位：元

| 订单批号 | 直接材料 | 生产工时 | 直接人工 | 制造费用 | 合　计 |
|---|---|---|---|---|---|
| 503# | 12 000 | 400 工时 | 8 000 | 12 000 | 32 000 |
| 504# | 40 000 | 500 工时 | 10 000 | 15 000 | 65 000 |
| 合计 | 52 000 | 900 工时 | 18 000 | 27 000 | 97 000 |

（四）2022 年 6 月份发生的有关经济业务如下：

1. 2 日，领用辅料 25 000 元，其中用作基本生产车间机物料 18 000 元，用于企业行政管理部门 7 000 元。

2. 8 日，投产 601#批产品，耗用毛纺原材料 32 000 元。

3. 10 日，计提固定资产折旧费 6 300 元，其中，基本生产车间 4 400 元，行政管理部门 1 900 元。

4. 12 日，投产 602#批产品，耗用棉纺原材料________元（关键数据设计为：30 000+小组序号×1 000。参考数据为：30 000）。

5. 25 日，发生工资费用 45 000 元，其中，基本生产车间生产工人工资 35 000 元，基本生产车间管理人员工资 3 000 元，企业行政管理人员工资 7 000 元。

6. 28 日，用银行存款支付其他费用 29 000 元，其中，基本生产车间 16 000 元，行政管理部门 13 000 元。

# 实验报告

实验项目：

学院：　　　　班级：　　　　实验小组：

姓名：　　　　学号：　　　　时间：

---

实验结果：

**一、一般（典型）分批法成本核算**

（一）日常费用分配归集核算

1. 2 日，领用辅料的账务处理。

凭证编号：

分录：

2. 8 日，投产 601#批产品耗用毛纺原材料的账务处理。

凭证编号：

分录：

3. 10 日，计提固定资产折旧费的账务处理。

凭证编号：

分录：

4. 12 日，投产 602#批产品耗用棉纺原材料的账务处理。

凭证编号：

分录：

5. 25 日，按照实际工时比例进行工资费用分配（见表 5-4）及账务处理。

表 5-4 **工资费用分配表**

年　　月　　日　　　　　　　　金额单位：元

| 分配对象 | 直接计入 | 分配计入 | | | 职工薪酬费用合计 |
|---|---|---|---|---|---|
| | | 分配标准 | 分配率 | 分配金额 | |
| 503# | | | | | |
| 504# | | | | | |
| 601# | | | | | |
| 602# | | | | | |
| 小计 | | | | | |
| 基本生产车间管理人员 | | | | | |
| 行政管理部门 | | | | | |
| 合　计 | | | | | |

账务处理：

凭证编号：

分录：

6. 28 日，支付其他费用的账务处理。

凭证编号：

分录：

（二）月末费用分配结转核算

1. 30 日，制造费用采用“当月分配法”分配结转及账务处理（见表 5-5 和表 5-6）。

表 5-5　　　　　　　　　　**制造费用明细账**

二级科目：　　　　　　　　　　　　　　　　　　　　　　　　　　单位：元

| 年 | | 凭证 | | 摘　要 | （借）方 | | | | |
|---|---|---|---|---|---|---|---|---|---|
| 月 | 日 | 字 | 号 | | 材料费 | 人工费 | 折旧费 | 其他费用 | 合计 |
| | | | | | | | | | |
| | | | | | | | | | |
| | | | | | | | | | |
| | | | | | | | | | |
| | | | | | | | | | |
| | | | | | | | | | |
| | | | | | | | | | |

表 5-6　　　　　　　　　　**制造费用分配表**

年　　月　　日　　　　　　　　金额单位：元

| 分配对象 | 分配标准（实际工时） | 分配率 | 分配金额 |
|---|---|---|---|
| 503# | | | |
| 504# | | | |
| 601# | | | |
| 602# | | | |
| 合计 | | | |

账务处理：

凭证编号：

分录：

2. 完工产品成本计算采用约当产量比例法及账务处理（见表 5-7 至表 5-13）。

表 5-7　　**基本生产成本明细账**

二级科目：503#　　金额单位：元

| 年 | | 凭证 | | 摘　要 | （借）方 | | | | |
|---|---|---|---|---|---|---|---|---|---|
| 月 | 日 | 字 | 号 | | 直接材料 | 生产工时 | 直接人工 | 制造费用 | 合计 |
| | | | | | | | | | |
| | | | | | | | | | |
| | | | | | | | | | |
| | | | | | | | | | |
| | | | | | | | | | |
| | | | | | | | | | |

表 5-8　　**基本生产成本明细账**

二级科目：504#　　金额单位：元

| 年 | | 凭证 | | 摘　要 | （借）方 | | | | |
|---|---|---|---|---|---|---|---|---|---|
| 月 | 日 | 字 | 号 | | 直接材料 | 生产工时 | 直接人工 | 制造费用 | 合计 |
| | | | | | | | | | |
| | | | | | | | | | |
| | | | | | | | | | |
| | | | | | | | | | |
| | | | | | | | | | |
| | | | | | | | | | |
| | | | | | | | | | |

表 5-9　　**基本生产成本明细账**

二级科目：601#　　金额单位：元

| 年 | | 凭证 | | 摘　要 | （借）方 | | | | |
|---|---|---|---|---|---|---|---|---|---|
| 月 | 日 | 字 | 号 | | 直接材料 | 生产工时 | 直接人工 | 制造费用 | 合计 |
| | | | | | | | | | |
| | | | | | | | | | |
| | | | | | | | | | |
| | | | | | | | | | |
| | | | | | | | | | |

表 5-10　　　　　　　　**基本生产成本明细账**

二级科目：602#　　　　　　　　　　　　　　　　金额单位：元

| 年 | | 凭证 | | 摘　要 | （借）方 | | | | |
|---|---|---|---|---|---|---|---|---|---|
| 月 | 日 | 字 | 号 | | 直接材料 | 生产工时 | 直接人工 | 制造费用 | 合计 |
| | | | | | | | | | |
| | | | | | | | | | |
| | | | | | | | | | |
| | | | | | | | | | |

表 5-11　　　　　　　　**产品成本计算单**

生产批号：503#　　　　　完工数量：

月末在产品数量：　　　　完工程度：　　　　　　金额单位：元

| 成本项目 | 直接材料 | 生产工时 | 直接人工 | 制造费用 | 合计 |
|---|---|---|---|---|---|
| 月初在产品成本 | | | | | |
| 本月生产费用 | | | | | |
| 生产费用合计 | | | | | |
| 完工产品总成本 | | | | | |
| 单位成本 | | | | | |

表 5-12　　　　　　　　**产品成本计算单**

生产批号：504#　　　　　完工数量：

月末在产品数量：　　　　完工程度：　　　　　　金额单位：元

| 成本项目 | | 直接材料 | 生产工时 | 直接人工 | 制造费用 | 合计 |
|---|---|---|---|---|---|---|
| 月初在产品成本 | | | | | | |
| 本月生产费用 | | | | | | |
| 生产费用合计 | | | | | | |
| 分配标准 | 完工产品 | | | | | |
| | 月末在产品 | | | | | |
| 分配率（单位成本） | | | | | | |
| 完工产品总成本 | | | | | | |
| 月末在产品成本 | | | | | | |

表 5-13　　　　产品成本计算单

生产批号：601#　　　　完工数量：

月末在产品数量：　　　完工程度：　　　　金额单位：元

| 成本项目 | 直接材料 | 生产工时 | 直接人工 | 制造费用 | 合计 |
|---|---|---|---|---|---|
| 月初在产品成本 | | | | | |
| 本月生产费用 | | | | | |
| 生产费用合计 | | | | | |
| 完工产品总成本 | | | | | |
| 单位成本 | | | | | |

账务处理：

凭证编号：

分录：

## 二、简化分批法成本核算

（一）日常费用分配归集核算

1. 2 日，领用辅料的账务处理。

凭证编号：

分录：

2. 8 日，投产 601#批产品耗用毛纺原材料的账务处理。

凭证编号：

分录：

3. 10 日，计提固定资产折旧费的账务处理。

凭证编号：

分录：

4. 12 日，投产 602#批产品耗用棉纺原材料的账务处理。

凭证编号：

分录：

5. 25 日，工资费用的账务处理。

凭证编号：

分录：

6. 28 日，支付其他费用的账务处理。

凭证编号：

分录：

（二）月末费用分配结转核算

1. 30 日，制造费用结转及账务处理（见表 5-14）。

表 5-14

**制造费用明细账**

二级科目：

单位：元

| 年 | | 凭证 | | 摘　要 | （借）方 | | | | |
|---|---|---|---|---|---|---|---|---|---|
| 月 | 日 | 字 | 号 | | 材料费 | 人工费 | 折旧费 | 其他费用 | 合计 |
| | | | | | | | | | |
| | | | | | | | | | |
| | | | | | | | | | |
| | | | | | | | | | |
| | | | | | | | | | |
| | | | | | | | | | |
| | | | | | | | | | |

账务处理：

凭证编号：

分录：

2. 30 日，完工产品成本计算及账务处理（见表 5-15 至表 5-19）。

表 5-15

**基本生产成本二级账**

金额单位：元

| 年 | | 凭证 | | 摘　要 | （借）方 | | | | |
|---|---|---|---|---|---|---|---|---|---|
| 月 | 日 | 字 | 号 | | 直接材料 | 生产工时 | 直接人工 | 制造费用 | 合计 |
| | | | | | | | | | |
| | | | | | | | | | |
| | | | | | | | | | |
| | | | | | | | | | |
| | | | | | | | | | |
| | | | | | | | | | |
| | | | | | | | | | |
| | | | | | | | | | |
| | | | | | | | | | |
| | | | | | | | | | |

表 5-16　　　　　　　　　　基本生产成本明细账

二级科目：503#　　　　　　　　　　　　　　　　　　　　金额单位：元

| 年 | | 凭证 | | 摘　要 | （借）方 | | | | |
|---|---|---|---|---|---|---|---|---|---|
| 月 | 日 | 字 | 号 | | 直接材料 | 生产工时 | 直接人工 | 制造费用 | 合计 |
| | | | | | | | | | |
| | | | | | | | | | |
| | | | | | | | | | |
| | | | | | | | | | |
| | | | | | | | | | |

表 5-17　　　　　　　　　　基本生产成本明细账

二级科目：504#　　　　　　　　　　　　　　　　　　　　金额单位：元

| 年 | | 凭证 | | 摘　要 | （借）方 | | | | |
|---|---|---|---|---|---|---|---|---|---|
| 月 | 日 | 字 | 号 | | 直接材料 | 生产工时 | 直接人工 | 制造费用 | 合计 |
| | | | | | | | | | |
| | | | | | | | | | |
| | | | | | | | | | |
| | | | | | | | | | |
| | | | | | | | | | |
| | | | | | | | | | |

表 5-18　　　　　　　　　　基本生产成本明细账

二级科目：601#　　　　　　　　　　　　　　　　　　　　金额单位：元

| 年 | | 凭证 | | 摘　要 | （借）方 | | | | |
|---|---|---|---|---|---|---|---|---|---|
| 月 | 日 | 字 | 号 | | 直接材料 | 生产工时 | 直接人工 | 制造费用 | 合计 |
| | | | | | | | | | |
| | | | | | | | | | |
| | | | | | | | | | |
| | | | | | | | | | |

表 5-19 **基本生产成本明细账**

二级科目：602# 金额单位：元

| 年 | | 凭证 | | 摘　要 | （借）方 | | | | |
|---|---|---|---|---|---|---|---|---|---|
| 月 | 日 | 字 | 号 | | 直接材料 | 生产工时 | 直接人工 | 制造费用 | 合计 |
| | | | | | | | | | |
| | | | | | | | | | |

账务处理：

凭证编号：

分录：

实验成绩： 实验指导教师签名：

# 实验项目六

# 产品成本计算分步法实验

## 第一部分　实验预备知识

### 一、分步法概述

分步法是指以生产过程中各个加工步骤为成本计算对象，归集生产费用，计算各步骤半成品和最后产成品成本的一种方法。分步法适用于大量大批，管理上要求计算各步骤成本的复杂生产企业，如冶金、纺织等。在这类企业中，生产的工艺过程由一系列连续加工步骤构成，从原材料投入生产，每经过一个加工步骤都要形成一种半成品，这些半成品是下一步骤的加工对象，直至最后一步才生产出完工产成品。

分步法具有以下特点：

1. 以各种产品生产步骤为成本计算对象，设置成本明细账。分步法成本计算对象是各个加工步骤的各种或各类产品，也就是说该种方法是以产品的生产步骤和产品品种作为成本计算对象的。成本明细账按每个加工步骤的各种或各类产品设置。如果只生产一种产品，成本计算对象就是该种产成品及其所经过的各个生产步骤，产品成本明细账应该按照产品的生产步骤设置。如果生产多种产品，成本计算对象则应是各种产品及其所经过的各个生产步骤。产品成本明细账应该按照各种产品的各个步骤设置。

在实际工作中，产品成本计算的分步与产品实际的生产步骤的划分并不一定完全一致，计算产品成本时，可以只对管理上有必要分步计算成本的生产步骤单独设立产品成本明细账，单独计算成本；管理上不要求单独计算成本的生产步骤，则可以与其他生产步骤合并设立产品成本明细账，合并计算成本。

2. 计算产品成本一般是按月定期进行的。在大量大批生产的企业里，原材料连续投入，产品连续不断地转移到下一生产步骤，生产过程中始终有一定数量的在产品，成本计算一般在月末进行。所以，成本计算是定期的，成本计算期与产品的生产周期不一致，但与报告期一致。

3. 生产费用需要在完工产品与在产品之间分配。在大量、大批的多步骤生产中，由于生产过程较长，而且往往都是跨月陆续完工，因此，在月终计算成本时各步骤都有在产品，因此，要将生产费用采用适当的方法，在完工产品与在产品之间进行分配。

4. 各步骤之间的成本需要结转。由于产品生产分步进行，上一步骤生产的半成品是下一步骤的加工对象。因此，为了计算各种产品的成本，还需要按照产品的品种，结转各步骤成本。也就是说，该法与其他成本计算方法的不同之处在于，在采用分步法计算产品成本时，在各个步骤之间还存在成本结转问题。这是分步法的一个重要特点。

在分步法下，连续加工式的生产，生产过程较长，过程中的各个步骤可以间断。月终计算成本时，各步骤均有在产品，因此要将费用在半成品（最终步骤为产成品）和在产品之间进行分配，各步骤的半成品及其成本是连续不断地向下一步骤移动的，各步骤成本的结转采用逐步结转分步法和平行结转分步法两种方法。

**二、逐步结转分步法**

（一）逐步结转分步法概述

逐步结转分步法，也称计算半成品成本法或累积计算产品成本分步法，是指按照产品加工步骤的顺序，逐步计算结转半成品成本，直到最后步骤计算出产成品成本的一种分步法。逐步结转分步法具有以下特点：

1. 各步骤不仅要归集本步骤发生的费用，而且还要反映耗用的半成品成本；

2. 各步骤半成品成本随半成品实物转移而结转；

3. 月末各步骤归集的费用，前面各步骤要在本步骤的完工半成品与狭义在产品之间分配，最后一步骤要在本步骤的完工产品和狭义在产品之间分配；

4. 产成品成本从最后一步骤转出。

逐步结转分步法适用于大量大批多步骤生产，并且管理上要求提供各步骤半成品成本资料的企业。各步骤的半成品既可以结转至下一步继续生产，也可以直接对外出售，或者供各种产品共同耗用，或者进行同行业成本的评比。

在逐步结转分步法下，半成品成本可以按实际成本计价，也可以按计划成本计价。逐步结转分步法按半成品成本在各步骤成本计算单中的反映的方式不同，分为综合结转分步法和分项结转分步法两种。

（二）逐步结转分步法的成本计算程序

1. 按每种产品的生产步骤设置基本生产成本明细账和成本计算单。

2. 按每种产品的生产步骤归集和分配平时发生的各种费用。

借：生产成本——基本生产成本（××产品）（××步骤）

××账户

贷：××账户

3. 月末，进行辅助生产费用的分配结转。

借：××账户——受益单位

贷：生产成本——辅助生产成本（××车间）

4. 月末，进行各车间制造费用的分配结转。

借：生产成本——基本生产成本（××产品）（××步骤）

贷：制造费用——××车间

5. 月末，将各步骤（最后一步骤除外）归集的费用在本步骤完工半成品与狭义在产品之间分配，计算结转半成品成本。

第一，各步骤之间未设置半成品仓库的情况。

借：生产成本——基本生产成本（××产品）（下步骤）

贷：生产成本——基本生产成本（××产品）（上步骤）

第二，各步骤之间设置有半成品仓库的情况。

上步骤完工入库时：

借：自制半成品——××产品

　贷：生产成本——基本生产成本（××产品）（上步骤）

下步骤领用时：

借：生产成本——基本生产成本（××产品）（下步骤）

　贷：自制半成品——××产品

6. 月末，将最后一步骤归集的费用在本步骤完工产品与狭义在产品之间进行分配，计算结转完工产品成本。

借：库存商品——××产品

　贷：生产成本——基本生产成本（××产品）（最后一步骤）

（三）综合结转分步法

综合结转分步法是将各步骤所耗用的半成品成本，按照上一步骤的综合成本，以“直接材料”或“半成品”项目结转到下一步骤成本计算单中。采用该种方法转账时，处理起来比较简单，但是不能提供按原始成本项目反映的核算资料，不能了解产品成本的结构。管理上如果要求提供按成本项目反映的产成品成本资料，需要逐步进行成本还原。

成本还原是指将产成品耗用各步骤半成品的综合成本，逐步分解还原为按直接材料、直接工资、制造费用等原始项目表现的产成品成本资料。成本还原有以下两种方法：

1. 项目结构率法（百分比法）。它是按各步骤本月完工半成品各成本项目占本月完工半成品总成本的比重还原的方法。具体步骤如下：

（1）计算各步骤成本项目结构率；

（2）将完工产品成本中的半成品综合成本按照成本项目结构率分解；

（3）计算还原成本；

（4）重复以上步骤，直至还原至第一步骤为止。

2. 还原分配率法（还原率法）。它是按完工产品成本中的半成品综合成本占上一步骤本月完工半成品总成本的比重还原的方法。具体步骤如下：

（1）计算还原分配率，计算公式如下：

还原分配率＝完工产品成本中的半成品综合成本÷上一步骤本月完工半成品总成本

（2）计算完工产品成本中的半成品综合成本还原；

（3）计算还原后的完工产品成本。

（四）分项结转分步法

分项结转分步法是将各步骤所耗用的半成品成本，按照原成本项目分项转入各步骤成本计算单的各个项目中。分项结转分步法能够提供按原始成本项目反映的产品成本结构，因而不需要进行成本还原。

## 三、平行结转分步法

平行结转分步法，也称不计算半成品法或非积累分步法，是指各步骤不计算半成品成本，只计算本步骤各种产品发生的费用及应计入产成品成本的份额，将各步骤应计入产成品成本的份额平行结转汇总，计算完工产品成本的方法。

（一）平行结转分步法的特点

平行结转分步法具有以下特点：

1. 各步骤只归集本步骤发生的费用，不反映耗用的半成品成本。

2. 各步骤不计算半成品成本，半成品成本不随实物转移而结转。

3. 月末，各步骤归集的费用是在最终完工产品与本步骤的广义在产品之间分配的。

4. 完工产品成本从各个步骤成本计算单中转出。

平行结转分步法主要适用于大量大批的、管理上不需要计算半成品成本的多步骤生产的企业。

（二）平行结转分步法的成本计算程序

平行结转分步法的成本计算程序如下：

1. 按每种产品的生产步骤设置基本生产成本明细账和成本计算单。

2. 按每种产品的生产步骤归集和分配平时发生的各种费用。

借：生产成本——基本生产成本（××产品）（××步骤）

　　××账户

　贷：××账户

3. 月末，进行辅助生产费用的分配结转。

借：××账户——受益单位

　贷：生产成本——辅助生产成本（××车间）

4. 月末，进行各车间制造费用的分配结转。

借：生产成本——基本生产成本（××产品）（××步骤）

　贷：制造费用——××车间

5. 月末，选择适当的方法，将各步骤归集的生产费用在最终完工产品与本步骤的广义在产品之间进行分配，从而计算出各步骤生产费用应由产成品成本负担的份额。通常采用约当产量比例法和在产品按定额成本计算法两种方法。计算过程中涉及的公式如下：

（1）$\text{某步骤广义在产品数量}=\text{本步骤在产品数量}+\text{本步骤以后各步骤在产品耗用本步骤半成品数量}$

（2）$\text{某步骤广义在产品约当产量}=\text{本步骤在产品数量}\times\text{本步骤完工程度}+\text{本步骤以后各步骤在产品耗用本步骤半成品数量}$

6. 将各步骤生产费用中应由产成品成本负担的份额平行结转汇总，计算完工产品成本。

借：库存商品——××产品

　贷：生产成本——基本生产成本（××产品）（各个步骤）

# 第二部分　实验项目设计

**一、实验目的**

通过本实验项目，使学生熟悉和掌握产品成本计算分步法的基本原理和具体运用。

**二、实验要求**

1. 将实验班级学生划分为 5 个实验小组，要求每个小组分别采用产品成本计算分步法的具体方法（综合逐步结转分步法、分项逐步结转分步法和平行结转分步法）计算成本。

2. 各实验小组学员根据产品成本计算分步法的具体方法，完成该公司成本计算。

**三、实验资料**

（一）企业经济类型及生产特点

贵阳宏伟有限公司是大量生产农用机械设备 01#和 02#两种产品的国有控股的中型企业。该企业有加工和装配两个基本生产车间、机修和供电两个辅助生产车间，其生产工艺流程如图 6-1 所示。

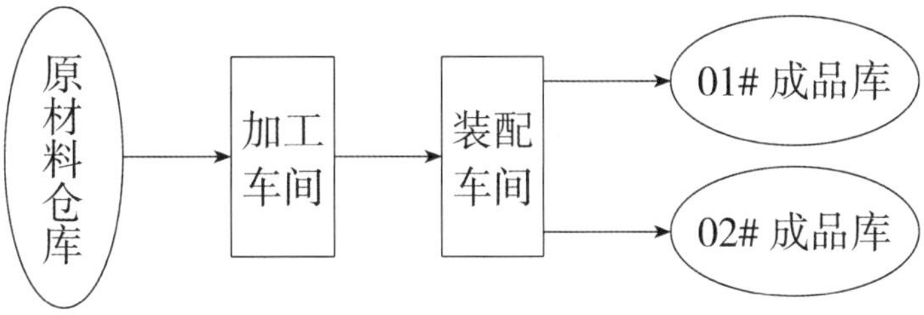


**图 6-1　贵阳宏伟有限公司生产工艺流程图**

该公司于 2022 年 12 月正式投产，生产的两种产品所需材料都在生产开始时全部一次投入，全厂设备维修都由机修辅助生产车间进行，全厂所用电都由供电辅助生产车间统一从外单位购进供应。

（二）企业定额资料

1. 材料定额和工时定额

材料定额表和工时定额表见表 6-1 和表 6-2。

表 6-1　**材料定额表**

| 产品品种<br>材料品种 | 01# | 02# |
|---|---|---|
| 钢板 | 50 千克/台 | 40 千克/台 |
| 角钢 | 20 千克/台 | 10 千克/台 |

表 6-2　　**工时定额表**

| 产品品种 / 生产车间 | 01# | 02# |
|---|---|---|
| 加工车间 | 20 工时/台 | 10 工时/台 |
| 装配车间 | 5 工时/台 | 4 工时/台 |
| 合　计 | 25 工时/台 | 14 工时/台 |

2. 计划单位成本

计划单位成本见表 6-3。

表 6-3　　**计划单位成本表**

| 费用项目/辅助车间 | 计划单位成本 |
|---|---|
| 材料——钢板<br>——角钢<br>——A 材料 | 25 元/千克<br>28 元/千克<br>20 元/千克 |
| 机修辅助生产车间 | 5 元/工时 |
| 供电辅助生产车间 | 0.8 元/度 |

（三）该公司成本计算要求

1. 成本计算方法采用各小组选定的分步法。

2. 平时发生的共同费用按如下分配方法进行分配：

（1）材料按产品材料定额耗用量比例分配法。

（2）其他费用按定额工时比例分配法。

3. 期末费用分配结转按如下方法进行：

（1）辅助生产费用采用计划成本分配法。

（2）制造费用采用定额工时比例分配法。

（3）各车间费用在完工产品和月末在产品之间，采用约当产量比例法分配。

（四）2022 年 12 月份有关生产情况

1. 辅助生产车间资料

辅助生产车间资料见表 6-4。

表 6-4　　**辅助生产车间资料**

| 辅助生产车间 | 机修车间 | 供电车间 |
|---|---|---|
| 供电车间耗用 | 10 000 工时 | 0 |
| 机修车间耗用 | | 50 000 度 |
| 加工车间生产耗用 | | 80 000 度 |
| 加工车间一般耗用 | 16 000 工时 | 20 000 度 |
| 装配车间生产耗用 | | 60 000 度 |
| 装配车间一般耗用 | 18 000 工时 | 10 000 度 |
| 行政管理部门耗用 | 6 000 工时 | 30 000 度 |
| 合　计 | 50 000 工时 | 250 000 度 |

2. 基本生产车间资料

基本生产车间资料见表 6-5。

表 6-5　　**基本生产车间资料**

| 基本生产车间 | | 加工车间 | 装配车间 |
|---|---|---|---|
| 完工半成品或产成品 | 01# | 500 台 | 300 台 |
| | 02# | 400 台 | 100 台 |
| 月末在产品 | 01# | 600 台 | 200 台 |
| | 02# | 200 台 | 300 台 |
| 在产品完工程度 | 01# | 50% | 50% |
| | 02# | 50% | 50% |

（五）2022 年 12 月份发生下列经济业务

1. 12 月 6 日，各部门购买、领用办公用品，详见表 6-6、表 6-7、图 6-2。

表 6-6

全国统一发票监制 国家税务总局 贵阳市税务局

**贵州增值税专用发票**　　No. 02063562

**发　票　联**

开票日期：2022 年 12 月 6 日

| | | | |
|---|---|---|---|
| 购买方 | 名　　称：贵阳宏伟有限公司<br>纳税人识别号：520102722131158008<br>地 址 、电 话：贵阳市花溪大道 68 号<br>开户行及账号：工商银行花溪大道支行 12000056783 | 密码区 | （略） |

| 货物或应税劳务、服务名称 | 规格型号 | 单位 | 数量 | 单价 | 金额 千 | 百 | 十 | 万 | 千 | 百 | 十 | 元 | 角 | 分 | 税率 | 税额 千 | 百 | 十 | 万 | 千 | 百 | 十 | 元 | 角 | 分 |
|---|---|---|---|---|---|---|---|---|---|---|---|---|---|---|---|---|---|---|---|---|---|---|---|---|---|
| 复印纸（A4） | | 箱 | 20 | 220.00 | | | | | 4 | 4 | 0 | 0 | 0 | 0 | 13% | | | | | | 5 | 7 | 2 | 0 | 0 |
| 碳粉（HP1000） | | 筒 | 5 | 450.00 | | | | | 2 | 2 | 5 | 0 | 0 | 0 | 13% | | | | | | 2 | 9 | 2 | 5 | 0 |
| 合　计 | | | | | | | | ¥ | 6 | 6 | 5 | 0 | 0 | 0 | | | | | | ¥ | 8 | 6 | 4 | 5 | 0 |

| | |
|---|---|
| 价税合计（大写） | ⊗柒仟伍佰壹拾肆元伍角整　　¥7 514.50 |

| | | | |
|---|---|---|---|
| 销售方 | 名　　称：贵阳星力电子有限责任公司<br>纳税人识别号：402514321556322002<br>地 址 、电 话：贵阳市文昌南路 23 号<br>开户银行及账号：建设银行城东支行 32733879076 | 备注 | |

贵阳星力电子有限责任公司 402514321556322002 发票专用章

收款人：李小明　　复核：王玉兰　　开票人：张青　　销售方：（章）

第三联 发票联 购买方记账凭证

表 6-7　　**贵阳宏伟有限公司办公用品领用单**

领用时间：2022 年 12 月 7 日

| 领用部门 | 物品名称 | 单位 | 数量 | 单价 | 金额（元） | 领用人 |
|---|---|---|---|---|---|---|
| 加工车间 | 复印纸 | 箱 | 4 | 220 | 880 | 张金 |
| | 碳粉 | 筒 | 1 | 450 | 450 | |
| 董事会办公室 | 复印纸 | 箱 | 6 | 220 | 1 320 | 李玉 |
| | 碳粉 | 筒 | 1 | 450 | 450 | |
| 财务部 | 复印纸 | 箱 | 10 | 220 | 2 200 | 王星 |
| | 碳粉 | 筒 | 3 | 450 | 1 350 | |
| 合　计 | | | | | 6 650 | |

采购部负责人：王丹　　　　　　　　　　　　　经办人：刘平

**中国工商银行**

**转账支票存根（黔）**

ZVI　00201880

出票日期：2022 年 12 月 6 日

| | |
|---|---|
| 收款人： | 贵阳星力电子有限责任公司 |
| 金　额： | 7 514. 50 |
| 用　途： | 货款 |

单位主管：　　　　　会计：

**图 6-2　中国工商银行转账支票存根（货款）**

2. 12 月 18 日，划付本月电费（由供电辅助生产车间统一结算分配），详见表 6-8、表 6-9。

表 6-8　　**中国工商银行委托收付凭证（付款通知）3**

委托日期：2022 年 12 月 18 日　　委托号码：NO：67801

| | | | | | |
|---|---|---|---|---|---|
| 付款人 | 全　称 | 贵阳宏伟有限公司 | 收款人 | 全　称 | 贵阳市市南供电局 |
| | 账　号 | 12000056783 | | 账　号 | 12000078543 |
| | 开户行 | 工商银行花溪大道支行 | | 开户行 | 工商银行贵阳市分行 |

| 托收金额 | 人民币(大写)伍万柒仟陆佰叁拾元整 | 百 | 十 | 万 | 千 | 百 | 十 | 元 | 角 | 分 |
|---|---|---|---|---|---|---|---|---|---|---|
| | | | ¥ | 5 | 7 | 6 | 3 | 0 | 0 | 0 |

| 附　件 | | 付款内容 | 合同名称 |
|---|---|---|---|
| 附寄单证张数 | 1 | 12 月电费 | |

| | | |
|---|---|---|
| 备注：<br>单位主管：　　会计：<br>复核：　　记账：李明 | 款项支付日期：<br>2022 年 12 月 22 日 | 收款行签章：<br>工行花溪大道支行<br>2022.12.18<br>转讫 |

此联为付款人开户行交付款人按期付款的通知

---

表 6-9　　**贵州增值税专用发票**　　No. 00634837

**发　票　联**

全国统一发票监制章 国家税务总局 贵阳市税务局

开票日期：2022 年 12 月 18 日

| | | |
|---|---|---|
| 购买方 | 名　　称：贵阳宏伟有限公司<br>纳税人识别号：520102722131158008<br>地 址 、电 话：贵阳市花溪大道 68 号<br>开户行及账号：工商银行花溪大道支行 12000056783 | 密码区：（略） |

| 货物或应税劳务、服务名称 | 规格型号 | 单位 | 数量 | 单价 | 金额 千 | 百 | 十 | 万 | 千 | 百 | 十 | 元 | 角 | 分 | 税率 | 税额 千 | 百 | 十 | 万 | 千 | 百 | 十 | 元 | 角 | 分 |
|---|---|---|---|---|---|---|---|---|---|---|---|---|---|---|---|---|---|---|---|---|---|---|---|---|---|
| 工业用电 | | 度 | 127 500 | 0. 4 | | | | 5 | 1 | 0 | 0 | 0 | 0 | 0 | 13% | | | | | 6 | 6 | 3 | 0 | 0 | 0 |
| | | | | | | | | | | | | | | | | | | | | | | | | | |
| 合　计 | | | | | | | ¥ | 5 | 1 | 0 | 0 | 0 | 0 | 0 | | | | | ¥ | 6 | 6 | 3 | 0 | 0 | 0 |

| | |
|---|---|
| 价税合计（大写） | ⊗伍万柒仟陆佰叁拾元整　　¥57 630. 00 |

| | | |
|---|---|---|
| 销售方 | 名　　称：贵阳市市南供电局<br>纳税人识别号：520102722467875005<br>地 址 、电 话：贵阳市市南路 58 号<br>开户银行及账号：工商银行贵阳市分行 12000078543 | 备注：贵阳市市南供电局 520102722467875005 发票专用章 |

收款人：张立　　复核：王学　　开票人：刘会　　销售方：（章）

第三联　发票联　购买方记账凭证

3. 12 月 20 日，支付第四季度借款利息（全额费用化），详见表 6-10。

表 6-10　　　　**中国工商银行放款利息通知单（代付出传票）**

2022 年 12 月 20 日　　　　NO. 32789

<table>
<tr><td>户　名</td><td colspan="2">贵阳宏伟有限公司</td><td>账　户</td><td colspan="8">12000056783</td></tr>
<tr><td>利息计算时间</td><td>2022 年 9 月 20 日至 12 月 20 日</td><td colspan="2">利息积数：1 500 000</td><td colspan="8">利息率：10.8%</td></tr>
<tr><td rowspan="2">利息金额</td><td rowspan="2" colspan="3">人民币（大写）肆万零伍佰元整</td><td>十</td><td>万</td><td>千</td><td>百</td><td>十</td><td>元</td><td>角</td><td>分</td></tr>
<tr><td>¥</td><td>4</td><td>0</td><td>5</td><td>0</td><td>0</td><td>0</td><td>0</td></tr>
<tr><td colspan="2">注：上列利息已从你公司存款账户中扣除。<br>工行贵阳市分行</td><td colspan="10">科目<br>工行花溪大道支行<br>2022.12.20<br>转讫<br>复核：　　记账：　　制单：</td></tr>
</table>

4. 12 月 20 日，开出现金支票从银行提取现金，准备发放工资，如图 6-3 所示。

**中国工商银行**

**现金支票存根（黔）**

XVI　00201885

出票日期：2022 年 12 月 20 日

| |
|---|
| 收款人：贵阳宏伟有限公司 |
| 金　额：272 300.00 |
| 用　途：发放工资 |

单位主管：　　　　会计：

**图 6-3　中国工商银行现金支票存根（工资）**

5. 12 月 20 日，用现金发放职工薪酬并结转代扣款，详见表 6-11。

表 6-11 **贵阳宏伟有限公司职工薪酬结算汇总单**

2022 年 12 月 单位：元

| 职工类别 | | 应付职工薪酬 | | | | 代扣款 | | | 实发工资额 |
|---|---|---|---|---|---|---|---|---|---|
| 部门 | 类别 | 基本工资 | 津贴 | 奖金 | 合计 | 住房公积金 | 个人所得税 | 合计 | |
| 加工车间 | 生产工人 | 53 000 | 12 000 | 19 000 | 84 000 | 4 200 | 4 800 | 9 000 | 75 000 |
| | 管理人员 | 16 000 | 4 000 | 11 000 | 31 000 | 1 550 | 6 450 | 8 000 | 23 000 |
| 装配车间 | 生产工人 | 45 000 | 8 000 | 15 000 | 68 000 | 3 400 | 3 600 | 7 000 | 61 000 |
| | 管理人员 | 12 000 | 3 000 | 8 000 | 23 000 | 1 150 | 1 450 | 2 600 | 20 400 |
| 机修车间 | 生产工人 | 8 000 | 2 000 | 3 000 | 13 000 | 650 | 250 | 900 | 12 100 |
| | 管理人员 | 4 000 | 2 000 | 2 000 | 8 000 | 400 | 200 | 600 | 7 400 |
| 供电车间 | 生产工人 | 6 000 | 1 500 | 2 500 | 10 000 | 500 | 200 | 700 | 9 300 |
| | 管理人员 | 2 000 | 1 000 | 1 500 | 4 500 | 225 | 175 | 400 | 4 100 |
| 公司行政管理人员 | | 42 000 | 6 000 | 13 000 | 61 000 | 3 050 | 15 950 | 19 000 | 42 000 |
| 公司销售部门人员 | | 14 000 | 5 000 | 8 000 | 27 000 | 1 350 | 7 650 | 9 000 | 18 000 |
| 合 计 | | 202 000 | 44 500 | 83 000 | 329 500 | 16 475 | 40 725 | 57 200 | 272 300 |

财务负责人：刘明　　审核：王权　　制单：刘芳

6. 12 月 21 日，开出转账支票（如图 6-4、图 6-5、图 6-6、图 6-7 所示）缴存职工住房公积金（假设按应付职工薪酬总额的 10% 缴存，职工个人和单位各承担 50%）、个人所得税、工会经费（假设按应付职工薪酬总额的 2% 缴存）、职工五项保险金（假设按应付职工薪酬总额的 4% 缴存），详见表 6-12 至表 6-16。

表 6-12 **贵阳宏伟有限公司职工薪酬附加费计算单**

2022 年 12 月 金额单位：元

| 人员 | | 应付职工薪酬总额 | 工会经费（2%） | 五项保险金（4%） | 住房公积金（5%） | 合计 |
|---|---|---|---|---|---|---|
| 部门 | 类别 | | | | | |
| 加工车间 | 生产工人 | 84 000 | 1 680 | 3 360 | 4 200 | 9 240 |
| | 管理人员 | 31 000 | 620 | 1 240 | 1 550 | 3 410 |
| 装配车间 | 生产工人 | 68 000 | 1 360 | 2 720 | 3 400 | 7 480 |
| | 管理人员 | 23 000 | 460 | 920 | 1 150 | 2 530 |
| 机修车间 | 生产工人 | 13 000 | 260 | 520 | 650 | 1 430 |
| | 管理人员 | 8 000 | 160 | 320 | 400 | 880 |
| 供电车间 | 生产工人 | 10 000 | 200 | 400 | 500 | 1 100 |
| | 管理人员 | 4 500 | 90 | 180 | 225 | 495 |
| 公司行政管理人员 | | 61 000 | 1 220 | 2 440 | 3 050 | 6 710 |
| 公司销售部门人员 | | 27 000 | 540 | 1 080 | 1 350 | 2 970 |
| 合 计 | | 329 500 | 6 590 | 13 180 | 16 475 | 36 245 |

财务负责人：刘明　　审核：王权　　制单：刘芳

中国工商银行
转账支票存根（黔）
ZVI 00201881
出票日期：2022 年 12 月 21 日

| |
|---|
| 收款人：贵阳市公积金管理中心 |
| 金　额：32 950.00 |
| 用　途：职工住房公积金 |

单位主管：　　　　　　　会计：

图 6-4　中国工商银行转账支票存根（职工住房公积金）

中国工商银行
转账支票存根（黔）
ZVI 00201882
出票日期：2022 年 12 月 21 日

| |
|---|
| 收款人：贵阳市税务局 |
| 金　额：40 725.00 |
| 用　途：个人所得税 |

单位主管：　　　　　　　会计：

图 6-5　中国工商银行转账支票存根（个人所得税）

中国工商银行
转账支票存根（黔）
ZVI 00201883
出票日期：2022 年 12 月 21 日

| |
|---|
| 收款人：贵阳宏伟有限公司工会 |
| 金　额：6 590.00 |
| 用　途：工会经费 |

单位主管：　　　　　　　会计：

图 6-6　中国工商银行转账支票存根（工会经费）

| 中国工商银行<br>转账支票存根（黔）<br>ZVI 00201884 |
|---|
| 出票日期：2022 年 12 月 21 日 |
| 收款人：贵阳市人社局 |
| 金　额：13 180. 00 |
| 用　途：五项保险金 |
| 单位主管：　　　　会计： |

图 6-7　中国工商银行转账支票存根（五项保险金）

表 6-13　　　　中华人民共和国　　　　（2022）建地缴 24560067 号

**税收通用缴款书**

填发日期：2022 年 12 月 21 日　征收机关：贵阳市税务局

<table>
<tr><td rowspan="4">缴款单位（人）</td><td>代　码</td><td>520102722131158</td><td rowspan="3">预算科目</td><td>编　码</td><td>604421</td></tr>
<tr><td>全　称</td><td>贵阳宏伟有限公司</td><td>名　称</td><td>个人所得税</td></tr>
<tr><td>开户银行</td><td>工商银行花溪大道支行</td><td>级　次</td><td></td></tr>
<tr><td>账　号</td><td>12000056783</td><td colspan="2">收缴国库</td><td>贵阳市国库</td></tr>
<tr><td colspan="5">税款所属时期：2022 年 11 月 1 日至 2022 年 11 月 30 日</td><td>税款限缴日期：<br>2022 年 12 月 21 日</td></tr>
</table>

| 品目名称 | 课税数量 | 计税金额 | 税率或单位税额 | 已缴或扣除税额 | 实缴税额 |
|---|---|---|---|---|---|
| 略 | | | | | 40 725. 00 |
| 金额合计 | （大写）肆万零柒佰贰拾伍元整 | | | | ¥40 725. 00 |
| 税务机关<br>（签章） | | 缴款单位<br>（签章） | 上列款项已收妥并划转收款单位科目。<br>国库（银行）签章： | | |

表 6-14

**贵州省行政事业性收费收据**

NO. 20185240

2022 年 12 月 21 日

<table>
<tr><td>交费单位</td><td>贵阳宏伟有限公司</td><td colspan="4">收费许可证号</td><td colspan="5">（黔）财发 202268</td></tr>
<tr><td rowspan="2">收费项目</td><td rowspan="2">收费标准</td><td colspan="9">金　额</td></tr>
<tr><td>百</td><td>十</td><td>万</td><td>千</td><td>百</td><td>十</td><td>元</td><td>角</td><td>分</td></tr>
<tr><td>住房公积金</td><td></td><td></td><td></td><td>3</td><td>2</td><td>9</td><td>5</td><td>0</td><td>0</td><td>0</td></tr>
<tr><td></td><td></td><td></td><td></td><td></td><td></td><td></td><td></td><td></td><td></td><td></td></tr>
<tr><td></td><td></td><td></td><td></td><td></td><td></td><td></td><td></td><td></td><td></td><td></td></tr>
<tr><td></td><td>合　计</td><td></td><td>¥</td><td>3</td><td>2</td><td>9</td><td>5</td><td>0</td><td>0</td><td>0</td></tr>
<tr><td colspan="2">人民币（大写）叁万贰仟玖佰伍拾元整</td><td colspan="4">交款方式</td><td colspan="5">转账</td></tr>
</table>

第二联　发票联

收费单位（签章）　　负责人：　　开票人：刘易

表 6-15

**贵州省行政事业性收费收据**

NO. 20185250

2022 年 12 月 21 日

<table>
<tr><td>交费单位</td><td>贵阳宏伟有限公司</td><td colspan="4">收费许可证号</td><td colspan="5">（黔）财发 202272</td></tr>
<tr><td rowspan="2">收费项目</td><td rowspan="2">收费标准</td><td colspan="9">金　额</td></tr>
<tr><td>百</td><td>十</td><td>万</td><td>千</td><td>百</td><td>十</td><td>元</td><td>角</td><td>分</td></tr>
<tr><td>职工五项保险金</td><td></td><td></td><td></td><td>1</td><td>3</td><td>1</td><td>8</td><td>0</td><td>0</td><td>0</td></tr>
<tr><td></td><td></td><td></td><td></td><td></td><td></td><td></td><td></td><td></td><td></td><td></td></tr>
<tr><td></td><td></td><td></td><td></td><td></td><td></td><td></td><td></td><td></td><td></td><td></td></tr>
<tr><td></td><td>合　计</td><td></td><td>¥</td><td>1</td><td>3</td><td>1</td><td>8</td><td>0</td><td>0</td><td>0</td></tr>
<tr><td colspan="2">人民币（大写）壹万叁仟壹佰捌拾元整</td><td colspan="4">交款方式</td><td colspan="5">转账</td></tr>
</table>

第二联　发票联

收费单位（签章）　　负责人：　　开票人：刘易

表 6-16　　**贵阳宏伟有限公司工会收据**　　NO. 20345

2022 年 12 月 21 日

| 今　收　到 | 第二联　收据联 |
|---|---|
| 贵阳宏伟有限公司　交来　12 月份工会经费　款<br>人民币（大写）陆仟伍佰玖拾元整<br>¥6 590. 00 | |
| 备注： | |

主管：　　会计：　　出纳：　　经手人：刘明

（印章：贵阳宏伟有限公司工会 财务专用章）

7. 12 月 30 日，编制工资费用分配表。

8. 12 月 31 日，根据本月发出材料汇总凭证（见表 6-17），编制本月材料费用分配表。

表 6-17　　**发出材料汇总凭证**

12 月 1 日—31 日

| 车间或部门 | | 材料品种 | 材料数量 |
|---|---|---|---|
| 车间生产产品用料 | 加工车间 | 钢板 | 82 000 千克 |
| | 加工车间 | 角钢 | 34 000 千克 |
| 车间一般用料 | 加工车间 | A 材料 | 2 000 千克 |
| | 装配车间 | A 材料 | 500 千克 |
| 机修车间用料 | | A 材料 | 200 千克 |
| 供电车间用料 | | A 材料 | 100 千克 |
| 行政管理部门用料 | | A 材料 | 300 千克 |

保管：刘宾　　审核：王权

9. 12 月 31 日，计提本月固定资产折旧费（见表 6-18）。

表 6-18 **固定资产折旧费计算表**

2022 年 12 月 金额单位：元

| 车间或部门 | 固定资产类别 | 月初固定资产原值 | 月折旧率 | 月折旧额 |
| --- | --- | --- | --- | --- |
| 加工车间 | 机器设备 | 800 000 | 0.8% | 6 400 |
| | 厂房 | 500 000 | 0.5% | 2 500 |
| 装配车间 | 机器设备 | 1 000 000 | 0.8% | 8 000 |
| | 厂房 | 800 000 | 0.5% | 4 000 |
| 供电车间 | 机器设备 | 200 000 | 0.8% | 1 600 |
| | 厂房 | 400 000 | 0.5% | 2 000 |
| 机修车间 | 机器设备 | 100 000 | 0.8% | 800 |
| | 厂房 | 200 000 | 0.5% | 1 000 |
| 行政管理部门 | 办公设备 | 200 000 | 0.8% | 1 600 |
| | 办公楼 | 2 000 000 | 0.5% | 10 000 |
| 合计 | | 6 200 000 | — | 37 900 |

10. 12 月 31 日，月末分配辅助生产费用。
11. 12 月 31 日，月末分配制造费用。
12. 12 月 31 日，月末计算产品成本。

# 实验报告

实验项目：

学院：　　　　班级：　　　　实验小组：

姓名：　　　　学号：　　　　时间：

---

实验结果：

1. 12 月 6 日，各部门购买办公用品。填列表 6-19。

表 6-19

贵阳宏伟有限公司

付　款　凭　证

贷方科目：　　　　年　　月　　日　　　　付字第　　号

| 摘　要 | 借方科目 | | 金　额 | | | | | | | | | | | 记账 |
|---|---|---|---|---|---|---|---|---|---|---|---|---|---|---|
| | 一级科目 | 明细科目 | 亿 | 千 | 百 | 十 | 万 | 千 | 百 | 十 | 元 | 角 | 分 | |
| | | | | | | | | | | | | | | |
| | | | | | | | | | | | | | | |
| | | | | | | | | | | | | | | |
| | | | | | | | | | | | | | | |
| | | | | | | | | | | | | | | |
| | | | | | | | | | | | | | | |
| | | | | | | | | | | | | | | |
| 合　计 | | | | | | | | | | | | | | |

附件　　张

会计主管：　　　记账：　　　出纳：　　　审核：　　　制单：

2. 12 月 18 日，划付本月电费（由供电辅助车间统一结算分配）。填列表 6-20。

表 6-20

**贵阳宏伟有限公司**

**付 款 凭 证**

贷方科目：　　　　　　　　　年　　月　　日　　　　　　付字第　　号

| 摘　要 | 借方科目 | | 金　额 | | | | | | | | | | | 记账 |
|---|---|---|---|---|---|---|---|---|---|---|---|---|---|---|
| | 一级科目 | 明细科目 | 亿 | 千 | 百 | 十 | 万 | 千 | 百 | 十 | 元 | 角 | 分 | |
| | | | | | | | | | | | | | | |
| | | | | | | | | | | | | | | |
| | | | | | | | | | | | | | | |
| | | | | | | | | | | | | | | |
| | | | | | | | | | | | | | | |
| | | | | | | | | | | | | | | |
| | | | | | | | | | | | | | | |
| 合　计 | | | | | | | | | | | | | | |

附件　　张

会计主管：　　　　记账：　　　　出纳：　　　　审核：　　　　制单：

3. 12 月 20 日，支付第四季度借款利息（全额费用化）。填列表 6-21。

表 6-21

**贵阳宏伟有限公司**

**付 款 凭 证**

贷方科目：　　　　　　　　　年　　月　　日　　　　　　付字第　　号

| 摘　要 | 借方科目 | | 金　额 | | | | | | | | | | | 记账 |
|---|---|---|---|---|---|---|---|---|---|---|---|---|---|---|
| | 一级科目 | 明细科目 | 亿 | 千 | 百 | 十 | 万 | 千 | 百 | 十 | 元 | 角 | 分 | |
| | | | | | | | | | | | | | | |
| | | | | | | | | | | | | | | |
| | | | | | | | | | | | | | | |
| | | | | | | | | | | | | | | |
| | | | | | | | | | | | | | | |
| | | | | | | | | | | | | | | |
| | | | | | | | | | | | | | | |
| 合　计 | | | | | | | | | | | | | | |

附件　　张

会计主管：　　　　记账：　　　　出纳：　　　　审核：　　　　制单：

4. 12 月 20 日，开出现金支票从银行提取现金，准备发放工资。填列表 6-22。

表 6-22

贵阳宏伟有限公司

**付 款 凭 证**

贷方科目：　　　　　　　　　　年　　月　　日　　　　　　付字第　　号

| 摘　要 | 借方科目 | | 金　额 | | | | | | | | | | | 记账 |
|---|---|---|---|---|---|---|---|---|---|---|---|---|---|---|
| | 一级科目 | 明细科目 | 亿 | 千 | 百 | 十 | 万 | 千 | 百 | 十 | 元 | 角 | 分 | |
| | | | | | | | | | | | | | | |
| | | | | | | | | | | | | | | |
| | | | | | | | | | | | | | | |
| | | | | | | | | | | | | | | |
| | | | | | | | | | | | | | | |
| | | | | | | | | | | | | | | |
| | | | | | | | | | | | | | | |
| 合　计 | | | | | | | | | | | | | | |

附件　张

会计主管：　　　　记账：　　　　出纳：　　　　审核：　　　　制单：

5. 12 月 20 日，用现金发放工资并结转代扣款。填列表 6-23 和表 6-24。

表 6-23

贵阳宏伟有限公司

**付 款 凭 证**

贷方科目：　　　　　　　　　　年　　月　　日　　　　　　付字第　　号

| 摘　要 | 借方科目 | | 金　额 | | | | | | | | | | | 记账 |
|---|---|---|---|---|---|---|---|---|---|---|---|---|---|---|
| | 一级科目 | 明细科目 | 亿 | 千 | 百 | 十 | 万 | 千 | 百 | 十 | 元 | 角 | 分 | |
| | | | | | | | | | | | | | | |
| | | | | | | | | | | | | | | |
| | | | | | | | | | | | | | | |
| | | | | | | | | | | | | | | |
| | | | | | | | | | | | | | | |
| | | | | | | | | | | | | | | |
| | | | | | | | | | | | | | | |
| 合　计 | | | | | | | | | | | | | | |

附件　张

会计主管：　　　　记账：　　　　出纳：　　　　审核：　　　　制单：

表 6-24

贵阳宏伟有限公司

**转 账 凭 证**

年 月 日 转字第 号

| 摘要 | 会计科目 | | 借方金额 | | | | | | | | | | | 贷方金额 | | | | | | | | | | | 记账 |
|---|---|---|---|---|---|---|---|---|---|---|---|---|---|---|---|---|---|---|---|---|---|---|---|---|---|
| | 一级科目 | 明细科目 | 亿 | 千 | 百 | 十 | 万 | 千 | 百 | 十 | 元 | 角 | 分 | 亿 | 千 | 百 | 十 | 万 | 千 | 百 | 十 | 元 | 角 | 分 | |
| | | | | | | | | | | | | | | | | | | | | | | | | | |
| | | | | | | | | | | | | | | | | | | | | | | | | | |
| | | | | | | | | | | | | | | | | | | | | | | | | | |
| | | | | | | | | | | | | | | | | | | | | | | | | | |
| | | | | | | | | | | | | | | | | | | | | | | | | | |
| | | | | | | | | | | | | | | | | | | | | | | | | | |
| | | | | | | | | | | | | | | | | | | | | | | | | | |
| | | | | | | | | | | | | | | | | | | | | | | | | | |

附件 张

会计主管： 记账： 审核： 制单：

6. 12 月 21 日，开出转账支票缴存职工住房公积金（假设按应付职工薪酬总额的10%缴存，个人和单位各承担 50%）、个人所得税、工会经费（假设按应付职工薪酬总额的2%缴存）、职工五项保险金（假设按应付职工薪酬总额的4%支付）。填列表 6-25至表 6-28。

表 6-25

贵阳宏伟有限公司

**付 款 凭 证**

贷方科目： 年 月 日 付字第 号

| 摘 要 | 借方科目 | | 金 额 | | | | | | | | | | | 记账 |
|---|---|---|---|---|---|---|---|---|---|---|---|---|---|---|
| | 一级科目 | 明细科目 | 亿 | 千 | 百 | 十 | 万 | 千 | 百 | 十 | 元 | 角 | 分 | |
| | | | | | | | | | | | | | | |
| | | | | | | | | | | | | | | |
| | | | | | | | | | | | | | | |
| | | | | | | | | | | | | | | |
| | | | | | | | | | | | | | | |
| | | | | | | | | | | | | | | |
| | | | | | | | | | | | | | | |
| 合 计 | | | | | | | | | | | | | | |

附件 张

会计主管： 记账： 出纳： 审核： 制单：

表 6-26

贵阳宏伟有限公司

付　款　凭　证

贷方科目：　　　　　　　　　　年　　月　　日　　　　　　付字第　　号

<table>
<tr><td rowspan="2">摘　要</td><td colspan="2">借方科目</td><td colspan="11">金　额</td><td rowspan="2">记账</td></tr>
<tr><td>一级科目</td><td>明细科目</td><td>亿</td><td>千</td><td>百</td><td>十</td><td>万</td><td>千</td><td>百</td><td>十</td><td>元</td><td>角</td><td>分</td></tr>
<tr><td></td><td></td><td></td><td></td><td></td><td></td><td></td><td></td><td></td><td></td><td></td><td></td><td></td><td></td><td></td></tr>
<tr><td></td><td></td><td></td><td></td><td></td><td></td><td></td><td></td><td></td><td></td><td></td><td></td><td></td><td></td><td></td></tr>
<tr><td></td><td></td><td></td><td></td><td></td><td></td><td></td><td></td><td></td><td></td><td></td><td></td><td></td><td></td><td></td></tr>
<tr><td></td><td></td><td></td><td></td><td></td><td></td><td></td><td></td><td></td><td></td><td></td><td></td><td></td><td></td><td></td></tr>
<tr><td></td><td></td><td></td><td></td><td></td><td></td><td></td><td></td><td></td><td></td><td></td><td></td><td></td><td></td><td></td></tr>
<tr><td></td><td></td><td></td><td></td><td></td><td></td><td></td><td></td><td></td><td></td><td></td><td></td><td></td><td></td><td></td></tr>
<tr><td></td><td></td><td></td><td></td><td></td><td></td><td></td><td></td><td></td><td></td><td></td><td></td><td></td><td></td><td></td></tr>
<tr><td colspan="3">合　计</td><td></td><td></td><td></td><td></td><td></td><td></td><td></td><td></td><td></td><td></td><td></td><td></td></tr>
</table>

附件　　张

会计主管：　　　　记账：　　　　出纳：　　　　审核：　　　　制单：

表 6-27

贵阳宏伟有限公司

付　款　凭　证

贷方科目：　　　　　　　　　　年　　月　　日　　　　　　付字第　　号

<table>
<tr><td rowspan="2">摘　要</td><td colspan="2">借方科目</td><td colspan="11">金　额</td><td rowspan="2">记账</td></tr>
<tr><td>一级科目</td><td>明细科目</td><td>亿</td><td>千</td><td>百</td><td>十</td><td>万</td><td>千</td><td>百</td><td>十</td><td>元</td><td>角</td><td>分</td></tr>
<tr><td></td><td></td><td></td><td></td><td></td><td></td><td></td><td></td><td></td><td></td><td></td><td></td><td></td><td></td><td></td></tr>
<tr><td></td><td></td><td></td><td></td><td></td><td></td><td></td><td></td><td></td><td></td><td></td><td></td><td></td><td></td><td></td></tr>
<tr><td></td><td></td><td></td><td></td><td></td><td></td><td></td><td></td><td></td><td></td><td></td><td></td><td></td><td></td><td></td></tr>
<tr><td></td><td></td><td></td><td></td><td></td><td></td><td></td><td></td><td></td><td></td><td></td><td></td><td></td><td></td><td></td></tr>
<tr><td></td><td></td><td></td><td></td><td></td><td></td><td></td><td></td><td></td><td></td><td></td><td></td><td></td><td></td><td></td></tr>
<tr><td></td><td></td><td></td><td></td><td></td><td></td><td></td><td></td><td></td><td></td><td></td><td></td><td></td><td></td><td></td></tr>
<tr><td></td><td></td><td></td><td></td><td></td><td></td><td></td><td></td><td></td><td></td><td></td><td></td><td></td><td></td><td></td></tr>
<tr><td colspan="3">合　计</td><td></td><td></td><td></td><td></td><td></td><td></td><td></td><td></td><td></td><td></td><td></td><td></td></tr>
</table>

附件　　张

会计主管：　　　　记账：　　　　出纳：　　　　审核：　　　　制单：

表 6-28

**贵阳宏伟有限公司**

**付　款　凭　证**

贷方科目：　　　　　　　　　　年　　月　　日　　　　　付字第　　号

| 摘　要 | 借方科目 | | 金　额 | | | | | | | | | | | 记账 |
|---|---|---|---|---|---|---|---|---|---|---|---|---|---|---|
| | 一级科目 | 明细科目 | 亿 | 千 | 百 | 十 | 万 | 千 | 百 | 十 | 元 | 角 | 分 | |
| | | | | | | | | | | | | | | |
| | | | | | | | | | | | | | | |
| | | | | | | | | | | | | | | |
| | | | | | | | | | | | | | | |
| | | | | | | | | | | | | | | |
| | | | | | | | | | | | | | | |
| | | | | | | | | | | | | | | |
| 合　计 | | | | | | | | | | | | | | |

附件　　张

会计主管：　　　　记账：　　　　出纳：　　　　审核：　　　　制单：

7. 12 月 30 日，编制职工薪酬费用分配表。填列表 6-29 至表 6-31。

表 6-29

**职工薪酬费用分配表**

年　　月　　　　　　　　　　单位：工时/元

| 车间或部门 | | | 间接计入费用 | | | 直接计入费用 | 职工薪酬费用合计 |
|---|---|---|---|---|---|---|---|
| | | | 定额工时 | 分配率 | 分配额 | | |
| 基本生产 | 加工车间 | 01# | | | | | |
| | | 02# | | | | | |
| | | 小计 | | | | | |
| | 装配车间 | 01# | | | | | |
| | | 02# | | | | | |
| | | 小计 | | | | | |
| 制造费用 | 加工车间 | | | | | | |
| | 装配车间 | | | | | | |
| 辅助生产——机修车间 | | | | | | | |
| 辅助生产——供电车间 | | | | | | | |
| 管理费用 | | | | | | | |
| 销售费用 | | | | | | | |
| 合　计 | | | | | | | |

财务负责人：　　　　　　审核：　　　　　　制表：

表 6-30

贵阳宏伟有限公司

**转 账 凭 证**

年 月 日 转字第 号

| 摘要 | 会计科目 | | 借方金额 | | | | | | | | | | | 贷方金额 | | | | | | | | | | | 记账 |
|---|---|---|---|---|---|---|---|---|---|---|---|---|---|---|---|---|---|---|---|---|---|---|---|---|---|
| | 一级科目 | 明细科目 | 亿 | 千 | 百 | 十 | 万 | 千 | 百 | 十 | 元 | 角 | 分 | 亿 | 千 | 百 | 十 | 万 | 千 | 百 | 十 | 元 | 角 | 分 | |
| | | | | | | | | | | | | | | | | | | | | | | | | | |
| | | | | | | | | | | | | | | | | | | | | | | | | | |
| | | | | | | | | | | | | | | | | | | | | | | | | | |
| | | | | | | | | | | | | | | | | | | | | | | | | | |
| | | | | | | | | | | | | | | | | | | | | | | | | | |
| | | | | | | | | | | | | | | | | | | | | | | | | | |
| | | | | | | | | | | | | | | | | | | | | | | | | | |
| 合计 | | | | | | | | | | | | | | | | | | | | | | | | | |

附件 张

会计主管： 记账： 审核： 制单：

表 6-31

贵阳宏伟有限公司

**转 账 凭 证**

年 月 日 转字第 号

| 摘要 | 会计科目 | | 借方金额 | | | | | | | | | | | 贷方金额 | | | | | | | | | | | 记账 |
|---|---|---|---|---|---|---|---|---|---|---|---|---|---|---|---|---|---|---|---|---|---|---|---|---|---|
| | 一级科目 | 明细科目 | 亿 | 千 | 百 | 十 | 万 | 千 | 百 | 十 | 元 | 角 | 分 | 亿 | 千 | 百 | 十 | 万 | 千 | 百 | 十 | 元 | 角 | 分 | |
| | | | | | | | | | | | | | | | | | | | | | | | | | |
| | | | | | | | | | | | | | | | | | | | | | | | | | |
| | | | | | | | | | | | | | | | | | | | | | | | | | |
| | | | | | | | | | | | | | | | | | | | | | | | | | |
| | | | | | | | | | | | | | | | | | | | | | | | | | |
| | | | | | | | | | | | | | | | | | | | | | | | | | |
| | | | | | | | | | | | | | | | | | | | | | | | | | |
| 合计 | | | | | | | | | | | | | | | | | | | | | | | | | |

附件 张

会计主管： 记账： 审核： 制单：

8. 12 月 31 日，根据本月发出材料汇总凭证，编制本月材料费用分配表。填列表 6-32至表 6-34。

表 6-32 **材料费用分配表**

年　　月

<table>
<tr><td colspan="3">车间或部门</td><td>材料定额耗用量（千克）</td><td>分配率</td><td>材料计划成本（元）</td><td>材料成本差异（-2%）</td><td>材料实际成本（元）</td></tr>
<tr><td rowspan="6">基本生产</td><td rowspan="3">加工车间（钢板）</td><td>01#</td><td></td><td></td><td></td><td></td><td></td></tr>
<tr><td>02#</td><td></td><td></td><td></td><td></td><td></td></tr>
<tr><td>小计</td><td></td><td></td><td></td><td></td><td></td></tr>
<tr><td rowspan="3">加工车间（角钢）</td><td>01#</td><td></td><td></td><td></td><td></td><td></td></tr>
<tr><td>02#</td><td></td><td></td><td></td><td></td><td></td></tr>
<tr><td>小计</td><td></td><td></td><td></td><td></td><td></td></tr>
<tr><td rowspan="3">制造费用</td><td colspan="2">加工车间（A 材料）</td><td></td><td></td><td></td><td></td><td></td></tr>
<tr><td colspan="2">装配车间（A 材料）</td><td></td><td></td><td></td><td></td><td></td></tr>
<tr><td colspan="2">小计</td><td></td><td></td><td></td><td></td><td></td></tr>
<tr><td colspan="3">辅助生产——机修车间（A 材料）</td><td></td><td></td><td></td><td></td><td></td></tr>
<tr><td colspan="3">辅助生产——供电车间（A 材料）</td><td></td><td></td><td></td><td></td><td></td></tr>
<tr><td colspan="3">管理费用（A 材料）</td><td></td><td></td><td></td><td></td><td></td></tr>
<tr><td colspan="3">合　计</td><td></td><td></td><td></td><td></td><td></td></tr>
</table>

财务负责人：　　　　　　　　审核：　　　　　　　　制表：

表 6-33 **贵阳宏伟有限公司**

**转　账　凭　证**

年　　月　　日　　　　　　转字第　　号

<table>
<tr><td rowspan="2">摘要</td><td colspan="2">会计科目</td><td colspan="11">借方金额</td><td colspan="11">贷方金额</td><td rowspan="2">记账</td></tr>
<tr><td>一级科目</td><td>明细科目</td><td>亿</td><td>千</td><td>百</td><td>十</td><td>万</td><td>千</td><td>百</td><td>十</td><td>元</td><td>角</td><td>分</td><td>亿</td><td>千</td><td>百</td><td>十</td><td>万</td><td>千</td><td>百</td><td>十</td><td>元</td><td>角</td><td>分</td></tr>
<tr><td></td><td></td><td></td><td></td><td></td><td></td><td></td><td></td><td></td><td></td><td></td><td></td><td></td><td></td><td></td><td></td><td></td><td></td><td></td><td></td><td></td><td></td><td></td><td></td><td></td><td></td></tr>
<tr><td></td><td></td><td></td><td></td><td></td><td></td><td></td><td></td><td></td><td></td><td></td><td></td><td></td><td></td><td></td><td></td><td></td><td></td><td></td><td></td><td></td><td></td><td></td><td></td><td></td><td></td></tr>
<tr><td></td><td></td><td></td><td></td><td></td><td></td><td></td><td></td><td></td><td></td><td></td><td></td><td></td><td></td><td></td><td></td><td></td><td></td><td></td><td></td><td></td><td></td><td></td><td></td><td></td><td></td></tr>
<tr><td></td><td></td><td></td><td></td><td></td><td></td><td></td><td></td><td></td><td></td><td></td><td></td><td></td><td></td><td></td><td></td><td></td><td></td><td></td><td></td><td></td><td></td><td></td><td></td><td></td><td></td></tr>
<tr><td></td><td></td><td></td><td></td><td></td><td></td><td></td><td></td><td></td><td></td><td></td><td></td><td></td><td></td><td></td><td></td><td></td><td></td><td></td><td></td><td></td><td></td><td></td><td></td><td></td><td></td></tr>
<tr><td></td><td></td><td></td><td></td><td></td><td></td><td></td><td></td><td></td><td></td><td></td><td></td><td></td><td></td><td></td><td></td><td></td><td></td><td></td><td></td><td></td><td></td><td></td><td></td><td></td><td></td></tr>
<tr><td></td><td></td><td></td><td></td><td></td><td></td><td></td><td></td><td></td><td></td><td></td><td></td><td></td><td></td><td></td><td></td><td></td><td></td><td></td><td></td><td></td><td></td><td></td><td></td><td></td><td></td></tr>
<tr><td colspan="3">合　计</td><td></td><td></td><td></td><td></td><td></td><td></td><td></td><td></td><td></td><td></td><td></td><td></td><td></td><td></td><td></td><td></td><td></td><td></td><td></td><td></td><td></td><td></td></tr>
</table>

附件　　张

会计主管：　　　　　记账：　　　　　审核：　　　　　制单：

表 6-34

贵阳宏伟有限公司

**转　账　凭　证**

年　　月　　日　　　　转字第　　号

| 摘要 | 会计科目 | | 借方金额 | | | | | | | | | | | 贷方金额 | | | | | | | | | | | 记账 |
|---|---|---|---|---|---|---|---|---|---|---|---|---|---|---|---|---|---|---|---|---|---|---|---|---|---|
| | 一级科目 | 明细科目 | 亿 | 千 | 百 | 十 | 万 | 千 | 百 | 十 | 元 | 角 | 分 | 亿 | 千 | 百 | 十 | 万 | 千 | 百 | 十 | 元 | 角 | 分 | |
| | | | | | | | | | | | | | | | | | | | | | | | | | |
| | | | | | | | | | | | | | | | | | | | | | | | | | |
| | | | | | | | | | | | | | | | | | | | | | | | | | |
| | | | | | | | | | | | | | | | | | | | | | | | | | |
| | | | | | | | | | | | | | | | | | | | | | | | | | |
| | | | | | | | | | | | | | | | | | | | | | | | | | |
| | | | | | | | | | | | | | | | | | | | | | | | | | |
| 合　计 | | | | | | | | | | | | | | | | | | | | | | | | | |

附件　张

会计主管：　　　　记账：　　　　审核：　　　　制单：

9. 12 月 31 日，计提本月固定资产折旧费。填列表 6-35。

表 6-35

贵阳宏伟有限公司

**转　账　凭　证**

年　　月　　日　　　　转字第　　号

| 摘要 | 会计科目 | | 借方金额 | | | | | | | | | | | 贷方金额 | | | | | | | | | | | 记账 |
|---|---|---|---|---|---|---|---|---|---|---|---|---|---|---|---|---|---|---|---|---|---|---|---|---|---|
| | 一级科目 | 明细科目 | 亿 | 千 | 百 | 十 | 万 | 千 | 百 | 十 | 元 | 角 | 分 | 亿 | 千 | 百 | 十 | 万 | 千 | 百 | 十 | 元 | 角 | 分 | |
| | | | | | | | | | | | | | | | | | | | | | | | | | |
| | | | | | | | | | | | | | | | | | | | | | | | | | |
| | | | | | | | | | | | | | | | | | | | | | | | | | |
| | | | | | | | | | | | | | | | | | | | | | | | | | |
| | | | | | | | | | | | | | | | | | | | | | | | | | |
| | | | | | | | | | | | | | | | | | | | | | | | | | |
| | | | | | | | | | | | | | | | | | | | | | | | | | |
| 合　计 | | | | | | | | | | | | | | | | | | | | | | | | | |

附件　张

会计主管：　　　　记账：　　　　审核：　　　　制单：

10. 12 月 31 日，分配辅助生产费用。填列表 6-36 至表 6-43。

表 6-36 **辅助生产成本明细账**

二级科目：机修车间 单位：元

| 年 | | 凭证 | | 摘要 | （借）方 | | | | |
|---|---|---|---|---|---|---|---|---|---|
| 月 | 日 | 字 | 号 | | 材料费 | 人工费 | 折旧费 | 其他费用 | 合计 |
| | | | | | | | | | |
| | | | | | | | | | |
| | | | | | | | | | |
| | | | | | | | | | |
| | | | | | | | | | |
| | | | | | | | | | |
| | | | | | | | | | |
| | | | | | | | | | |

表 6-37 **辅助生产成本明细账**

二级科目：供电车间 单位：元

| 年 | | 凭证 | | 摘要 | （借）方 | | | | |
|---|---|---|---|---|---|---|---|---|---|
| 月 | 日 | 字 | 号 | | 材料费 | 人工费 | 折旧费 | 其他费用 | 合计 |
| | | | | | | | | | |
| | | | | | | | | | |
| | | | | | | | | | |
| | | | | | | | | | |
| | | | | | | | | | |
| | | | | | | | | | |
| | | | | | | | | | |
| | | | | | | | | | |

表 6-38　　　　　　　　　　**辅助生产费用分配表**

年　　月

| 辅助车间 | | 机修车间 | | 供电车间 | | 合　计 |
|---|---|---|---|---|---|---|
| | | 劳务（工时） | 金额（元） | 电（度） | 金额（元） | |
| 待分配费用 | | | | | | |
| 计划单位成本 | | | | | | |
| 辅助生产 | 机修车间 | | | | | |
| | 供电车间 | | | | | |
| 基本生产 | 加工车间 | | | | | |
| | 装配车间 | | | | | |
| 制造费用 | 加工车间 | | | | | |
| | 装配车间 | | | | | |
| 管理费用 | | | | | | |
| 计划成本合计 | | | | | | |
| 实际成本 | | | | | | |
| 成本差异 | | | | | | |

财务负责人：　　　　　　　　审核：　　　　　　　　制表：

表 6-39　　　　　　　　**加工车间生产用电费分配表**

2022 年 12 月

| 产品品种 | 定额工时 | 分配率 | 分配额（元） |
|---|---|---|---|
| 01# | | | |
| 02# | | | |
| 合　计 | | | |

财务负责人：　　　　　　　　审核：　　　　　　　　制表：

表 6-40　　**装配车间生产用电费分配表**

2022 年 12 月

| 产品品种 | 定额工时 | 分配率 | 分配额（元） |
| --- | --- | --- | --- |
| 01# | | | |
| 02# | | | |
| 合　计 | | | |

财务负责人：　　审核：　　制表：

表 6-41

**贵阳宏伟有限公司**

**转　账　凭　证**

年　　月　　日　　　　转字第　　号

| 摘要 | 会计科目 | | 借方金额 | | | | | | | | | | | 贷方金额 | | | | | | | | | | | 记账 |
| --- | --- | --- | --- | --- | --- | --- | --- | --- | --- | --- | --- | --- | --- | --- | --- | --- | --- | --- | --- | --- | --- | --- | --- | --- | --- |
| | 一级科目 | 明细科目 | 亿 | 千 | 百 | 十 | 万 | 千 | 百 | 十 | 元 | 角 | 分 | 亿 | 千 | 百 | 十 | 万 | 千 | 百 | 十 | 元 | 角 | 分 | |
| | | | | | | | | | | | | | | | | | | | | | | | | | |
| | | | | | | | | | | | | | | | | | | | | | | | | | |
| | | | | | | | | | | | | | | | | | | | | | | | | | |
| | | | | | | | | | | | | | | | | | | | | | | | | | |
| | | | | | | | | | | | | | | | | | | | | | | | | | |
| | | | | | | | | | | | | | | | | | | | | | | | | | |
| | | | | | | | | | | | | | | | | | | | | | | | | | |
| 合　计 | | | | | | | | | | | | | | | | | | | | | | | | | |

附件　　张

会计主管：　　记账：　　审核：　　制单：

表 6-42

**贵阳宏伟有限公司**

**转　账　凭　证**

年　　月　　日　　　　　转字第　　号

| 摘要 | 会计科目 | | 借方金额 | | | | | | | | | | | 贷方金额 | | | | | | | | | | | 记账 |
|---|---|---|---|---|---|---|---|---|---|---|---|---|---|---|---|---|---|---|---|---|---|---|---|---|---|
| | 一级科目 | 明细科目 | 亿 | 千 | 百 | 十 | 万 | 千 | 百 | 十 | 元 | 角 | 分 | 亿 | 千 | 百 | 十 | 万 | 千 | 百 | 十 | 元 | 角 | 分 | |
| | | | | | | | | | | | | | | | | | | | | | | | | | |
| | | | | | | | | | | | | | | | | | | | | | | | | | |
| | | | | | | | | | | | | | | | | | | | | | | | | | |
| | | | | | | | | | | | | | | | | | | | | | | | | | |
| | | | | | | | | | | | | | | | | | | | | | | | | | |
| | | | | | | | | | | | | | | | | | | | | | | | | | |
| | | | | | | | | | | | | | | | | | | | | | | | | | |
| 合　计 | | | | | | | | | | | | | | | | | | | | | | | | | |

附件　　张

会计主管：　　　　记账：　　　　审核：　　　　制单：

表 6-43

**贵阳宏伟有限公司**

**转　账　凭　证**

年　　月　　日　　　　　转字第　　号

| 摘要 | 会计科目 | | 借方金额 | | | | | | | | | | | 贷方金额 | | | | | | | | | | | 记账 |
|---|---|---|---|---|---|---|---|---|---|---|---|---|---|---|---|---|---|---|---|---|---|---|---|---|---|
| | 一级科目 | 明细科目 | 亿 | 千 | 百 | 十 | 万 | 千 | 百 | 十 | 元 | 角 | 分 | 亿 | 千 | 百 | 十 | 万 | 千 | 百 | 十 | 元 | 角 | 分 | |
| | | | | | | | | | | | | | | | | | | | | | | | | | |
| | | | | | | | | | | | | | | | | | | | | | | | | | |
| | | | | | | | | | | | | | | | | | | | | | | | | | |
| | | | | | | | | | | | | | | | | | | | | | | | | | |
| | | | | | | | | | | | | | | | | | | | | | | | | | |
| | | | | | | | | | | | | | | | | | | | | | | | | | |
| | | | | | | | | | | | | | | | | | | | | | | | | | |
| 合　计 | | | | | | | | | | | | | | | | | | | | | | | | | |

附件　　张

会计主管：　　　　记账：　　　　审核：　　　　制单：

11. 12 月 31 日，分配制造费用。填列表 6-44 至表 6-48。

表 6-44　　　　　　　　　　**制造费用明细账**

二级科目：加工车间　　　　　　　　　　　　　　　　　单位：元

| 年 | | 凭证 | | 摘　要 | （借）方 | | | | | |
|---|---|---|---|---|---|---|---|---|---|---|
| 月 | 日 | 字 | 号 | | 材料费 | 人工费 | 修理费 | 折旧费 | 其他费用 | 合计 |
| | | | | | | | | | | |
| | | | | | | | | | | |
| | | | | | | | | | | |
| | | | | | | | | | | |
| | | | | | | | | | | |
| | | | | | | | | | | |
| | | | | | | | | | | |
| | | | | | | | | | | |

表 6-45　　　　　　　　　　**制造费用明细账**

二级科目：装配车间　　　　　　　　　　　　　　　　　单位：元

| 年 | | 凭证 | | 摘　要 | （借）方 | | | | | |
|---|---|---|---|---|---|---|---|---|---|---|
| 月 | 日 | 字 | 号 | | 材料费 | 人工费 | 修理费 | 折旧费 | 其他费用 | 合计 |
| | | | | | | | | | | |
| | | | | | | | | | | |
| | | | | | | | | | | |
| | | | | | | | | | | |
| | | | | | | | | | | |
| | | | | | | | | | | |
| | | | | | | | | | | |
| | | | | | | | | | | |

表 6-46　　**加工车间制造费用分配表**

年　　月

| 产品品种 | 定额工时 | 分配率 | 分配额（元） |
|---|---|---|---|
| 01# | | | |
| 02# | | | |
| 合　计 | | | |

财务负责人：　　　　审核：　　　　制表：

表 6-47　　**装配车间制造费用分配表**

年　　月

| 产品品种 | 定额工时 | 分配率 | 分配额（元） |
|---|---|---|---|
| 01# | | | |
| 02# | | | |
| 合　计 | | | |

财务负责人：　　　　审核：　　　　制表：

表 6-48　　**贵阳宏伟有限公司**

**转　账　凭　证**

年　　月　　日　　　　转字第　　号

| 摘要 | 会计科目 | | 借方金额 | | | | | | | | | | | 贷方金额 | | | | | | | | | | | 记账 |
|---|---|---|---|---|---|---|---|---|---|---|---|---|---|---|---|---|---|---|---|---|---|---|---|---|---|
| | 一级科目 | 明细科目 | 亿 | 千 | 百 | 十 | 万 | 千 | 百 | 十 | 元 | 角 | 分 | 亿 | 千 | 百 | 十 | 万 | 千 | 百 | 十 | 元 | 角 | 分 | |
| | | | | | | | | | | | | | | | | | | | | | | | | | |
| | | | | | | | | | | | | | | | | | | | | | | | | | |
| | | | | | | | | | | | | | | | | | | | | | | | | | |
| | | | | | | | | | | | | | | | | | | | | | | | | | |
| | | | | | | | | | | | | | | | | | | | | | | | | | |
| | | | | | | | | | | | | | | | | | | | | | | | | | |
| | | | | | | | | | | | | | | | | | | | | | | | | | |
| 合　计 | | | | | | | | | | | | | | | | | | | | | | | | | |

附件　　张

会计主管：　　　　记账：　　　　审核：　　　　制单：

12. 结转分步法

1）综合逐步结转分步法

12 月 31 日计算产品成本。填列表 6-49 至表 6-62。

表 6-49　　**基本生产成本明细账**

二级科目：加工车间（01#）

| 年 | | 凭证 | | 摘　要 | （借）方 | | | | |
|---|---|---|---|---|---|---|---|---|---|
| 月 | 日 | 字 | 号 | | 直接材料 | 燃料及动力 | 直接人工 | 制造费用 | 合　计 |
| | | | | | | | | | |
| | | | | | | | | | |
| | | | | | | | | | |
| | | | | | | | | | |
| | | | | | | | | | |
| | | | | | | | | | |
| | | | | | | | | | |
| | | | | | | | | | |

表 6-50　　**基本生产成本明细账**

二级科目：加工车间（02#）

| 年 | | 凭证 | | 摘　要 | （借）方 | | | | |
|---|---|---|---|---|---|---|---|---|---|
| 月 | 日 | 字 | 号 | | 直接材料 | 燃料及动力 | 直接人工 | 制造费用 | 合　计 |
| | | | | | | | | | |
| | | | | | | | | | |
| | | | | | | | | | |
| | | | | | | | | | |
| | | | | | | | | | |
| | | | | | | | | | |
| | | | | | | | | | |
| | | | | | | | | | |

表 6-51　　　　　　　　　**基本生产成本明细账**

二级科目：装配车间（01#）

| 年 | | 凭证 | | 摘　要 | （借）方 | | | | |
| --- | --- | --- | --- | --- | --- | --- | --- | --- | --- |
| 月 | 日 | 字 | 号 | | 半成品 | 燃料及动力 | 直接人工 | 制造费用 | 合　计 |
| | | | | | | | | | |
| | | | | | | | | | |
| | | | | | | | | | |
| | | | | | | | | | |
| | | | | | | | | | |
| | | | | | | | | | |
| | | | | | | | | | |
| | | | | | | | | | |

表 6-52　　　　　　　　　**基本生产成本明细账**

二级科目：装配车间（02#）

| 年 | | 凭证 | | 摘　要 | （借）方 | | | | |
| --- | --- | --- | --- | --- | --- | --- | --- | --- | --- |
| 月 | 日 | 字 | 号 | | 半成品 | 燃料及动力 | 直接人工 | 制造费用 | 合　计 |
| | | | | | | | | | |
| | | | | | | | | | |
| | | | | | | | | | |
| | | | | | | | | | |
| | | | | | | | | | |
| | | | | | | | | | |
| | | | | | | | | | |
| | | | | | | | | | |

表 6-53

**成本计算单**

二级科目：加工车间（01#）　完工数量：　月末在产品数量：　完工程度：　单位：元

| 摘　要 | | 直接材料 | 燃料及动力 | 直接工资 | 制造费用 | 合　计 |
|---|---|---|---|---|---|---|
| 月初在产品成本 | | | | | | |
| 本月费用 | | | | | | |
| 费用合计 | | | | | | |
| 分配标准 | 完工半成品 | | | | | |
| | 月末在产品 | | | | | |
| 分配率（单位成本） | | | | | | |
| 完工半成品总成本 | | | | | | |
| 月末在产品成本 | | | | | | |

表 6-54

贵阳宏伟有限公司

**转　账　凭　证**

年　月　日　　　转字第　号

| 摘要 | 会计科目 | | 借方金额 | | | | | | | | | | | 贷方金额 | | | | | | | | | | | 记账 |
|---|---|---|---|---|---|---|---|---|---|---|---|---|---|---|---|---|---|---|---|---|---|---|---|---|---|
| | 一级科目 | 明细科目 | 亿 | 千 | 百 | 十 | 万 | 千 | 百 | 十 | 元 | 角 | 分 | 亿 | 千 | 百 | 十 | 万 | 千 | 百 | 十 | 元 | 角 | 分 | |
| | | | | | | | | | | | | | | | | | | | | | | | | | |
| | | | | | | | | | | | | | | | | | | | | | | | | | |
| | | | | | | | | | | | | | | | | | | | | | | | | | |
| | | | | | | | | | | | | | | | | | | | | | | | | | |
| | | | | | | | | | | | | | | | | | | | | | | | | | |
| | | | | | | | | | | | | | | | | | | | | | | | | | |
| | | | | | | | | | | | | | | | | | | | | | | | | | |
| 合　计 | | | | | | | | | | | | | | | | | | | | | | | | | |

附件　张

会计主管：　记账：　审核：　制单：

表 6-55

**成本计算单**

二级科目：加工车间（02#）　完工数量：　月末在产品数量：　完工程度：　单位：元

| 摘　要 | | 直接材料 | 燃料及动力 | 直接工资 | 制造费用 | 合　计 |
|---|---|---|---|---|---|---|
| 月初在产品成本 | | | | | | |
| 本月费用 | | | | | | |
| 费用合计 | | | | | | |
| 分配标准 | 完工半成品 | | | | | |
| | 月末在产品 | | | | | |
| 分配率（单位成本） | | | | | | |
| 完工半成品总成本 | | | | | | |
| 月末在产品成本 | | | | | | |

表 6-56

**贵阳宏伟有限公司**

**转　账　凭　证**

年　　月　　日　　　　转字第　　号

| 摘要 | 会计科目 | | 借方金额 | | | | | | | | | | | 贷方金额 | | | | | | | | | | | 记账 |
|---|---|---|---|---|---|---|---|---|---|---|---|---|---|---|---|---|---|---|---|---|---|---|---|---|---|
| | 一级科目 | 明细科目 | 亿 | 千 | 百 | 十 | 万 | 千 | 百 | 十 | 元 | 角 | 分 | 亿 | 千 | 百 | 十 | 万 | 千 | 百 | 十 | 元 | 角 | 分 | |
| | | | | | | | | | | | | | | | | | | | | | | | | | |
| | | | | | | | | | | | | | | | | | | | | | | | | | |
| | | | | | | | | | | | | | | | | | | | | | | | | | |
| | | | | | | | | | | | | | | | | | | | | | | | | | |
| | | | | | | | | | | | | | | | | | | | | | | | | | |
| | | | | | | | | | | | | | | | | | | | | | | | | | |
| | | | | | | | | | | | | | | | | | | | | | | | | | |
| 合　计 | | | | | | | | | | | | | | | | | | | | | | | | | |

附件　　张

会计主管：　　记账：　　审核：　　制单：

表 6-57

## 成本计算单

二级科目：装配车间（01#）　完工数量：　月末在产品数量：　完工程度：　单位：元

| 摘　要 | | 半成品 | 燃料及动力 | 直接工资 | 制造费用 | 合　计 |
|---|---|---|---|---|---|---|
| 月初在产品成本 | | | | | | |
| 本月本车间费用 | | | | | | |
| 转入半成品成本 | | | | | | |
| 费用合计 | | | | | | |
| 分配标准 | 完工产品 | | | | | |
| | 月末在产品 | | | | | |
| 分配率（单位成本） | | | | | | |
| 完工产品总成本 | | | | | | |
| 月末在产品成本 | | | | | | |

表 6-58

贵阳宏伟有限公司

## 转　账　凭　证

年　月　日　　转字第　号

| 摘要 | 会计科目 | | 借方金额 | | | | | | | | | | | 贷方金额 | | | | | | | | | | | 记账 |
|---|---|---|---|---|---|---|---|---|---|---|---|---|---|---|---|---|---|---|---|---|---|---|---|---|---|
| | 一级科目 | 明细科目 | 亿 | 千 | 百 | 十 | 万 | 千 | 百 | 十 | 元 | 角 | 分 | 亿 | 千 | 百 | 十 | 万 | 千 | 百 | 十 | 元 | 角 | 分 | |
| | | | | | | | | | | | | | | | | | | | | | | | | | |
| | | | | | | | | | | | | | | | | | | | | | | | | | |
| | | | | | | | | | | | | | | | | | | | | | | | | | |
| | | | | | | | | | | | | | | | | | | | | | | | | | |
| | | | | | | | | | | | | | | | | | | | | | | | | | |
| | | | | | | | | | | | | | | | | | | | | | | | | | |
| | | | | | | | | | | | | | | | | | | | | | | | | | |
| 合　计 | | | | | | | | | | | | | | | | | | | | | | | | | |

附件　张

会计主管：　记账：　审核：　制单：

表 6-59

**成本计算单**

二级科目：装配车间（02#）　完工数量：　月末在产品数量：　完工程度：　单位：元

| 摘　要 | | 半成品 | 燃料及动力 | 直接工资 | 制造费用 | 合　计 |
|---|---|---|---|---|---|---|
| 月初在产品成本 | | | | | | |
| 本月本车间费用 | | | | | | |
| 转入半成品成本 | | | | | | |
| 费用合计 | | | | | | |
| 分配标准 | 完工产品 | | | | | |
| | 月末在产品 | | | | | |
| 分配率（单位成本） | | | | | | |
| 完工产品总成本 | | | | | | |
| 月末在产品成本 | | | | | | |

表 6-60

贵阳宏伟有限公司

**转　账　凭　证**

年　　月　　日　　　　转字第　　号

| 摘要 | 会计科目 | | 借方金额 | | | | | | | | | | | 贷方金额 | | | | | | | | | | | 记账 |
|---|---|---|---|---|---|---|---|---|---|---|---|---|---|---|---|---|---|---|---|---|---|---|---|---|---|
| | 一级科目 | 明细科目 | 亿 | 千 | 百 | 十 | 万 | 千 | 百 | 十 | 元 | 角 | 分 | 亿 | 千 | 百 | 十 | 万 | 千 | 百 | 十 | 元 | 角 | 分 | |
| | | | | | | | | | | | | | | | | | | | | | | | | | |
| | | | | | | | | | | | | | | | | | | | | | | | | | |
| | | | | | | | | | | | | | | | | | | | | | | | | | |
| | | | | | | | | | | | | | | | | | | | | | | | | | |
| | | | | | | | | | | | | | | | | | | | | | | | | | |
| | | | | | | | | | | | | | | | | | | | | | | | | | |
| | | | | | | | | | | | | | | | | | | | | | | | | | |
| 合　计 | | | | | | | | | | | | | | | | | | | | | | | | | |

附件　　张

会计主管：　　记账：　　审核：　　制单：

表 6-61 **完工产品成本还原计算表**（还原率法）

品种：01#　　完工产品数量：　　　　　　　　　　　　　　　　单位：元

| 项　目 | 还原率 | 半成品 | 直接材料 | 燃料及动力 | 直接工资 | 制造费用 | 合计 |
|---|---|---|---|---|---|---|---|
| ①还原前完工产品总成本 | | | | | | | |
| ②加工车间本月完工半成品成本 | | | | | | | |
| ③半成品成本还原为加工车间费用 | | | | | | | |
| ⑥还原后完工产品总成本 | | | | | | | |
| ⑦还原后单位成本 | | | | | | | |

表 6-62 **完工产品成本还原计算表**（还原率法）

品种：02#　　完工产品数量：　　　　　　　　　　　　　　　　单位：元

| 项　目 | 还原率 | 半成品 | 直接材料 | 燃料及动力 | 直接工资 | 制造费用 | 合计 |
|---|---|---|---|---|---|---|---|
| ①还原前完工产品总成本 | | | | | | | |
| ②加工车间本月完工半成品成本 | | | | | | | |
| ③半成品成本还原为加工车间费用 | | | | | | | |
| ⑥还原后完工产品总成本 | | | | | | | |
| ⑦还原后单位成本 | | | | | | | |

2）分项逐步结转分步法

12 月 31 日计算产品成本。填列表 6-63 至表 6-74。

表 6-63 **基本生产成本明细账**

二级科目：加工车间（01#）

| 年 | | 凭证 | | 摘　要 | （借）方 | | | | |
|---|---|---|---|---|---|---|---|---|---|
| 月 | 日 | 字 | 号 | | 直接材料 | 燃料及动力 | 直接人工 | 制造费用 | 合　计 |
| | | | | | | | | | |
| | | | | | | | | | |
| | | | | | | | | | |
| | | | | | | | | | |
| | | | | | | | | | |
| | | | | | | | | | |
| | | | | | | | | | |
| | | | | | | | | | |

表 6-64 **基本生产成本明细账**

二级科目：加工车间（02#）

| 年 | | 凭证 | | 摘　要 | （借）方 | | | | |
|---|---|---|---|---|---|---|---|---|---|
| 月 | 日 | 字 | 号 | | 直接材料 | 燃料及动力 | 直接人工 | 制造费用 | 合　计 |
| | | | | | | | | | |
| | | | | | | | | | |
| | | | | | | | | | |
| | | | | | | | | | |
| | | | | | | | | | |
| | | | | | | | | | |
| | | | | | | | | | |
| | | | | | | | | | |

表 6-65　　　　　　　　　**基本生产成本明细账**

二级科目：装配车间（01#）

| 年 | | 凭证 | | 摘　要 | （借）方 | | | | |
|---|---|---|---|---|---|---|---|---|---|
| 月 | 日 | 字 | 号 | | 直接材料 | 燃料及动力 | 直接人工 | 制造费用 | 合　计 |
| | | | | | | | | | |
| | | | | | | | | | |
| | | | | | | | | | |
| | | | | | | | | | |
| | | | | | | | | | |
| | | | | | | | | | |
| | | | | | | | | | |
| | | | | | | | | | |

表 6-66　　　　　　　　　**基本生产成本明细账**

二级科目：装配车间（02#）

| 年 | | 凭证 | | 摘　要 | （借）方 | | | | |
|---|---|---|---|---|---|---|---|---|---|
| 月 | 日 | 字 | 号 | | 直接材料 | 燃料及动力 | 直接人工 | 制造费用 | 合　计 |
| | | | | | | | | | |
| | | | | | | | | | |
| | | | | | | | | | |
| | | | | | | | | | |
| | | | | | | | | | |
| | | | | | | | | | |
| | | | | | | | | | |
| | | | | | | | | | |

表 6-67

## 成本计算单

二级科目：加工车间（01#）　完工数量：　月末在产品数量：　完工程度：　单位：元

| 摘　要 | | 直接材料 | 燃料及动力 | 直接工资 | 制造费用 | 合　计 |
|---|---|---|---|---|---|---|
| 月初在产品成本 | | | | | | |
| 本月费用 | | | | | | |
| 费用合计 | | | | | | |
| 分配标准 | 完工半成品 | | | | | |
| | 月末在产品 | | | | | |
| 分配率（单位成本） | | | | | | |
| 完工半成品总成本 | | | | | | |
| 月末在产品成本 | | | | | | |

表 6-68

贵阳宏伟有限公司

## 转　账　凭　证

年　　月　　日　　　　转字第　　号

| 摘要 | 会计科目 | | 借方金额 | | | | | | | | | | | 贷方金额 | | | | | | | | | | | 记账 |
|---|---|---|---|---|---|---|---|---|---|---|---|---|---|---|---|---|---|---|---|---|---|---|---|---|---|
| | 一级科目 | 明细科目 | 亿 | 千 | 百 | 十 | 万 | 千 | 百 | 十 | 元 | 角 | 分 | 亿 | 千 | 百 | 十 | 万 | 千 | 百 | 十 | 元 | 角 | 分 | |
| | | | | | | | | | | | | | | | | | | | | | | | | | |
| | | | | | | | | | | | | | | | | | | | | | | | | | |
| | | | | | | | | | | | | | | | | | | | | | | | | | |
| | | | | | | | | | | | | | | | | | | | | | | | | | |
| | | | | | | | | | | | | | | | | | | | | | | | | | |
| | | | | | | | | | | | | | | | | | | | | | | | | | |
| | | | | | | | | | | | | | | | | | | | | | | | | | |
| 合　计 | | | | | | | | | | | | | | | | | | | | | | | | | |

附件　　张

会计主管：　　　　记账：　　　　审核：　　　　制单：

表 6-69

**成本计算单**

二级科目：加工车间（02#）　完工数量：　月末在产品数量：　完工程度：　单位：元

| 摘　要 | | 直接材料 | 燃料及动力 | 直接工资 | 制造费用 | 合　计 |
|---|---|---|---|---|---|---|
| 月初在产品成本 | | | | | | |
| 本月费用 | | | | | | |
| 费用合计 | | | | | | |
| 分配标准 | 完工半成品 | | | | | |
| | 月末在产品 | | | | | |
| 分配率（单位成本） | | | | | | |
| 完工半成品总成本 | | | | | | |
| 月末在产品成本 | | | | | | |

表 6-70

**贵阳宏伟有限公司**

**转　账　凭　证**

年　　月　　日　　　　转字第　　号

| 摘要 | 会计科目 | | 借方金额 | | | | | | | | | | | 贷方金额 | | | | | | | | | | | 记账 |
|---|---|---|---|---|---|---|---|---|---|---|---|---|---|---|---|---|---|---|---|---|---|---|---|---|---|
| | 一级科目 | 明细科目 | 亿 | 千 | 百 | 十 | 万 | 千 | 百 | 十 | 元 | 角 | 分 | 亿 | 千 | 百 | 十 | 万 | 千 | 百 | 十 | 元 | 角 | 分 | |
| | | | | | | | | | | | | | | | | | | | | | | | | | |
| | | | | | | | | | | | | | | | | | | | | | | | | | |
| | | | | | | | | | | | | | | | | | | | | | | | | | |
| | | | | | | | | | | | | | | | | | | | | | | | | | |
| | | | | | | | | | | | | | | | | | | | | | | | | | |
| | | | | | | | | | | | | | | | | | | | | | | | | | |
| | | | | | | | | | | | | | | | | | | | | | | | | | |
| 合　计 | | | | | | | | | | | | | | | | | | | | | | | | | |

附件　　张

会计主管：　　　　记账：　　　　审核：　　　　制单：

表 6-71

## 成本计算单

二级科目：装配车间（01#）　完工数量：　月末在产品数量：　完工程度：　单位：元

| 摘要 | | | 直接材料 | 燃料及动力 | 直接工资 | 制造费用 | 合计 |
|---|---|---|---|---|---|---|---|
| 月初在产品成本 | | | | | | | |
| 本月本车间费用 | | | | | | | |
| 转入半成品成本 | | | | | | | |
| 费用合计 | | | | | | | |
| 分配标准 | 完工产品 | | | | | | |
| | 月末在产品 | 本车间 | | | | | |
| | | 转入 | | | | | |
| 分配率（单位成本） | | 本车间 | | | | | |
| | | 转入 | | | | | |
| 完工产品总成本 | | | | | | | |
| 月末在产品成本 | | | | | | | |

表 6-72

贵阳宏伟有限公司

## 转　账　凭　证

年　　月　　日　　　　转字第　　号

| 摘要 | 会计科目 | | 借方金额 | | | | | | | | | | | 贷方金额 | | | | | | | | | | | 记账 |
|---|---|---|---|---|---|---|---|---|---|---|---|---|---|---|---|---|---|---|---|---|---|---|---|---|---|
| | 一级科目 | 明细科目 | 亿 | 千 | 百 | 十 | 万 | 千 | 百 | 十 | 元 | 角 | 分 | 亿 | 千 | 百 | 十 | 万 | 千 | 百 | 十 | 元 | 角 | 分 | |
| | | | | | | | | | | | | | | | | | | | | | | | | | |
| | | | | | | | | | | | | | | | | | | | | | | | | | |
| | | | | | | | | | | | | | | | | | | | | | | | | | |
| | | | | | | | | | | | | | | | | | | | | | | | | | |
| | | | | | | | | | | | | | | | | | | | | | | | | | |
| | | | | | | | | | | | | | | | | | | | | | | | | | |
| | | | | | | | | | | | | | | | | | | | | | | | | | |
| 合计 | | | | | | | | | | | | | | | | | | | | | | | | | |

附件　　张

会计主管：　　记账：　　审核：　　制单：

表 6-73

## 成本计算单

二级科目：装配车间（02#）　完工数量：　月末在产品数量：　完工程度：　单位：元

<table>
<tr><td colspan="3">摘　要</td><td>直接材料</td><td>燃料及动力</td><td>直接工资</td><td>制造费用</td><td>合　计</td></tr>
<tr><td colspan="3">月初在产品成本</td><td></td><td></td><td></td><td></td><td></td></tr>
<tr><td colspan="3">本月本车间费用</td><td></td><td></td><td></td><td></td><td></td></tr>
<tr><td colspan="3">转入半成品成本</td><td></td><td></td><td></td><td></td><td></td></tr>
<tr><td colspan="3">费用合计</td><td></td><td></td><td></td><td></td><td></td></tr>
<tr><td rowspan="3">分配标准</td><td colspan="2">完工产品</td><td></td><td></td><td></td><td></td><td></td></tr>
<tr><td rowspan="2">月末在产品</td><td>本车间</td><td></td><td></td><td></td><td></td><td></td></tr>
<tr><td>转入</td><td></td><td></td><td></td><td></td><td></td></tr>
<tr><td colspan="2" rowspan="2">分配率（单位成本）</td><td>本车间</td><td></td><td></td><td></td><td></td><td></td></tr>
<tr><td>转入</td><td></td><td></td><td></td><td></td><td></td></tr>
<tr><td colspan="3">完工产品总成本</td><td></td><td></td><td></td><td></td><td></td></tr>
<tr><td colspan="3">月末在产品成本</td><td></td><td></td><td></td><td></td><td></td></tr>
</table>

表 6-74

**贵阳宏伟有限公司**

## 转　账　凭　证

年　　月　　日　　　　转字第　　号

<table>
<tr><td rowspan="2">摘要</td><td colspan="2">会计科目</td><td colspan="10">借方金额</td><td colspan="10">贷方金额</td><td rowspan="2">记账</td></tr>
<tr><td>一级科目</td><td>明细科目</td><td>亿</td><td>千</td><td>百</td><td>十</td><td>万</td><td>千</td><td>百</td><td>十</td><td>元</td><td>角</td><td>分</td><td>亿</td><td>千</td><td>百</td><td>十</td><td>万</td><td>千</td><td>百</td><td>十</td><td>元</td><td>角</td><td>分</td></tr>
<tr><td></td><td></td><td></td><td></td><td></td><td></td><td></td><td></td><td></td><td></td><td></td><td></td><td></td><td></td><td></td><td></td><td></td><td></td><td></td><td></td><td></td><td></td><td></td><td></td></tr>
<tr><td></td><td></td><td></td><td></td><td></td><td></td><td></td><td></td><td></td><td></td><td></td><td></td><td></td><td></td><td></td><td></td><td></td><td></td><td></td><td></td><td></td><td></td><td></td><td></td></tr>
<tr><td></td><td></td><td></td><td></td><td></td><td></td><td></td><td></td><td></td><td></td><td></td><td></td><td></td><td></td><td></td><td></td><td></td><td></td><td></td><td></td><td></td><td></td><td></td><td></td></tr>
<tr><td></td><td></td><td></td><td></td><td></td><td></td><td></td><td></td><td></td><td></td><td></td><td></td><td></td><td></td><td></td><td></td><td></td><td></td><td></td><td></td><td></td><td></td><td></td><td></td></tr>
<tr><td></td><td></td><td></td><td></td><td></td><td></td><td></td><td></td><td></td><td></td><td></td><td></td><td></td><td></td><td></td><td></td><td></td><td></td><td></td><td></td><td></td><td></td><td></td><td></td></tr>
<tr><td></td><td></td><td></td><td></td><td></td><td></td><td></td><td></td><td></td><td></td><td></td><td></td><td></td><td></td><td></td><td></td><td></td><td></td><td></td><td></td><td></td><td></td><td></td><td></td></tr>
<tr><td></td><td></td><td></td><td></td><td></td><td></td><td></td><td></td><td></td><td></td><td></td><td></td><td></td><td></td><td></td><td></td><td></td><td></td><td></td><td></td><td></td><td></td><td></td><td></td></tr>
<tr><td colspan="3">合　计</td><td></td><td></td><td></td><td></td><td></td><td></td><td></td><td></td><td></td><td></td><td></td><td></td><td></td><td></td><td></td><td></td><td></td><td></td><td></td><td></td><td></td></tr>
</table>

附件　　张

会计主管：　　　　记账：　　　　审核：　　　　制单：

3）平行结转分步法

12 月 31 日计算产品成本。填列表 6-75 至表 6-86。

表 6-75　基本生产成本明细账

二级科目：加工车间（01#）

| 年 | | 凭证 | | 摘　要 | （借）方 | | | | |
|---|---|---|---|---|---|---|---|---|---|
| 月 | 日 | 字 | 号 | | 直接材料 | 燃料及动力 | 直接人工 | 制造费用 | 合　计 |
| | | | | | | | | | |
| | | | | | | | | | |
| | | | | | | | | | |
| | | | | | | | | | |
| | | | | | | | | | |
| | | | | | | | | | |
| | | | | | | | | | |
| | | | | | | | | | |

表 6-76　基本生产成本明细账

二级科目：加工车间（02#）

| 年 | | 凭证 | | 摘　要 | （借）方 | | | | |
|---|---|---|---|---|---|---|---|---|---|
| 月 | 日 | 字 | 号 | | 直接材料 | 燃料及动力 | 直接人工 | 制造费用 | 合　计 |
| | | | | | | | | | |
| | | | | | | | | | |
| | | | | | | | | | |
| | | | | | | | | | |
| | | | | | | | | | |
| | | | | | | | | | |
| | | | | | | | | | |
| | | | | | | | | | |

表 6-77　　基本生产成本明细账

二级科目：装配车间（01#）

| 年 | | 凭证 | | 摘　要 | （借）方 | | | | |
|---|---|---|---|---|---|---|---|---|---|
| 月 | 日 | 字 | 号 | | 直接材料 | 燃料及动力 | 直接人工 | 制造费用 | 合　计 |
| | | | | | | | | | |
| | | | | | | | | | |
| | | | | | | | | | |
| | | | | | | | | | |
| | | | | | | | | | |
| | | | | | | | | | |
| | | | | | | | | | |
| | | | | | | | | | |

表 6-78　　基本生产成本明细账

二级科目：装配车间（02#）

| 年 | | 凭证 | | 摘　要 | （借）方 | | | | |
|---|---|---|---|---|---|---|---|---|---|
| 月 | 日 | 字 | 号 | | 直接材料 | 燃料及动力 | 直接人工 | 制造费用 | 合　计 |
| | | | | | | | | | |
| | | | | | | | | | |
| | | | | | | | | | |
| | | | | | | | | | |
| | | | | | | | | | |
| | | | | | | | | | |
| | | | | | | | | | |
| | | | | | | | | | |

表 6-79　　　　**成本计算单**

二级科目：加工车间（01#）　完工数量：　月末在产品数量：　完工程度：　单位：元

| 摘　要 | | 直接材料 | 燃料及动力 | 直接工资 | 制造费用 | 合　计 |
|---|---|---|---|---|---|---|
| 月初在产品成本 | | | | | | |
| 本月费用 | | | | | | |
| 费用合计 | | | | | | |
| 分配标准 | 完工产品 | | | | | |
| | 月末在产品 | | | | | |
| 分配率（单位成本） | | | | | | |
| 完工产品成本份额 | | | | | | |
| 月末在产品成本 | | | | | | |

表 6-80　　　　**成本计算单**

二级科目：装配车间（01#）　完工数量：　月末在产品数量：　完工程度：　单位：元

| 摘　要 | | 直接材料 | 燃料及动力 | 直接工资 | 制造费用 | 合　计 |
|---|---|---|---|---|---|---|
| 月初在产品成本 | | | | | | |
| 本月费用 | | | | | | |
| 费用合计 | | | | | | |
| 分配标准 | 完工产品 | | | | | |
| | 月末在产品 | | | | | |
| 分配率（单位成本） | | | | | | |
| 完工产品成本份额 | | | | | | |
| 月末在产品成本 | | | | | | |

表 6-81

**完工产品成本汇总计算表**

品种：01#　　完工产品数量：　　　　　　　　　　　　　单位：元

| 项　目 | 直接材料 | 燃料及动力 | 直接工资 | 制造费用 | 合　计 |
|---|---|---|---|---|---|
| 加工车间转入完工产品成本份额 | | | | | |
| 装配车间转入完工产品成本份额 | | | | | |
| 转出完工产品总成本 | | | | | |
| 单位成本 | | | | | |

表 6-82

贵阳宏伟有限公司

**转　账　凭　证**

年　　月　　日　　　　　　转字第　　号

| 摘要 | 会计科目 | | 借方金额 | | | | | | | | | | | 贷方金额 | | | | | | | | | | | 记账 |
|---|---|---|---|---|---|---|---|---|---|---|---|---|---|---|---|---|---|---|---|---|---|---|---|---|---|
| | 一级科目 | 明细科目 | 亿 | 千 | 百 | 十 | 万 | 千 | 百 | 十 | 元 | 角 | 分 | 亿 | 千 | 百 | 十 | 万 | 千 | 百 | 十 | 元 | 角 | 分 | |
| | | | | | | | | | | | | | | | | | | | | | | | | | |
| | | | | | | | | | | | | | | | | | | | | | | | | | |
| | | | | | | | | | | | | | | | | | | | | | | | | | |
| | | | | | | | | | | | | | | | | | | | | | | | | | |
| | | | | | | | | | | | | | | | | | | | | | | | | | |
| | | | | | | | | | | | | | | | | | | | | | | | | | |
| | | | | | | | | | | | | | | | | | | | | | | | | | |
| | | | | | | | | | | | | | | | | | | | | | | | | | |

附件　　张

会计主管：　　　　记账：　　　　审核：　　　　制单：

表 6-83 **成本计算单**

二级科目：加工车间（02#） 完工数量： 广义在产品数量： 广义约当量：单位：元

| 摘　要 | | 直接材料 | 燃料及动力 | 直接工资 | 制造费用 | 合　计 |
| --- | --- | --- | --- | --- | --- | --- |
| 月初在产品成本 | | | | | | |
| 本月费用 | | | | | | |
| 费用合计 | | | | | | |
| 分配标准 | 完工产品 | | | | | |
| | 月末在产品 | | | | | |
| 分配率（单位成本） | | | | | | |
| 完工产品成本份额 | | | | | | |
| 月末在产品成本 | | | | | | |

表 6-84 **成本计算单**

二级科目：装配车间（02#） 完工数量： 广义在产品数量： 广义约当量：单位：元

| 摘　要 | | 直接材料 | 燃料及动力 | 直接工资 | 制造费用 | 合　计 |
| --- | --- | --- | --- | --- | --- | --- |
| 月初在产品成本 | | | | | | |
| 本月费用 | | | | | | |
| 费用合计 | | | | | | |
| 分配标准 | 完工产品 | | | | | |
| | 月末在产品 | | | | | |
| 分配率（单位成本） | | | | | | |
| 完工产品成本份额 | | | | | | |
| 月末在产品成本 | | | | | | |

表 6-85

**完工产品成本汇总计算表**

品种：02#　　完工产品数量：　　　　　　　　　　　　　　单位：元

| 项　目 | 直接材料 | 燃料及动力 | 直接工资 | 制造费用 | 合　计 |
| --- | --- | --- | --- | --- | --- |
| 加工车间转入完工产品成本份额 | | | | | |
| 装配车间转入完工产品成本份额 | | | | | |
| 转出完工产品总成本 | | | | | |
| 单位成本 | | | | | |

表 6-86

贵阳宏伟有限公司

**转　账　凭　证**

年　　月　　日　　　　　　转字第　　号

| 摘要 | 会计科目 | | 借方金额 | | | | | | | | | | | 贷方金额 | | | | | | | | | | | 记账 |
| --- | --- | --- | --- | --- | --- | --- | --- | --- | --- | --- | --- | --- | --- | --- | --- | --- | --- | --- | --- | --- | --- | --- | --- | --- | --- |
| | 一级科目 | 明细科目 | 亿 | 千 | 百 | 十 | 万 | 千 | 百 | 十 | 元 | 角 | 分 | 亿 | 千 | 百 | 十 | 万 | 千 | 百 | 十 | 元 | 角 | 分 | |
| | | | | | | | | | | | | | | | | | | | | | | | | | |
| | | | | | | | | | | | | | | | | | | | | | | | | | |
| | | | | | | | | | | | | | | | | | | | | | | | | | |
| | | | | | | | | | | | | | | | | | | | | | | | | | |
| | | | | | | | | | | | | | | | | | | | | | | | | | |
| | | | | | | | | | | | | | | | | | | | | | | | | | |
| | | | | | | | | | | | | | | | | | | | | | | | | | |
| | | | | | | | | | | | | | | | | | | | | | | | | | |

附件　　张

会计主管：　　　　记账：　　　　审核：　　　　制单：

实验成绩：　　　　　　实验指导教师签名：

# 实验项目七

# 产品成本核算与控制——定额法实验

## 第一部分　实验预备知识

### 一、定额法的基本原理

定额法就是为了及时反映和监督生产费用和产品成本脱离定额的差异，把产品成本的计划、控制、核算和分析结合在一起，以便加强成本管理的一种成本计算方法。

（一）定额法的主要特点

定额法具有以下主要特点：

1. 定额法是一种将成本控制与核算相结合的成本计算辅助方法，不能单独使用，必须与成本计算基本方法结合使用。

2. 事前制定产品的消耗定额、费用定额和定额成本作为降低成本的目标，对产品成本进行事前控制。

3. 发生生产费用时，将定额费用和发生的差异分别核算，加强对成本差异的日常核算、分析和控制。

4. 月末，在定额成本的基础上加减各种成本差异，计算产品的实际成本，为成本的定期考核和分析提供资料。

（二）定额法的成本计算程序

定额法的成本计算程序如下：

1. 按照企业生产工艺特点和管理要求，确定成本计算对象及成本计算的基本方法。

2. 按照定额成本标准，计算各成本项目的定额费用，编制产品定额成本表。

3. 发生生产费用时，将其划分为定额成本和成本差异两部分，分别编制凭证，予以汇总。其中，成本差异包括：脱离定额成本差异、定额变动差异、材料成本差异。

4. 按确定的成本计算基本方法，汇集、结转产品定额成本和成本差异，并按一定标准在完工产品与在产品之间进行分配。

5. 将产品定额成本加减所分配的脱离定额成本差异、定额变动差异及材料成本差异求得产品实际成本。

产品的实际成本＝月初定额成本±脱离定额的差异±定额变动差异±材料成本差异

定额法一般适用于定额管理制度比较健全，定额管理工作的基础比较好，产品的生产已经定型，消耗定额比较准确、稳定的企业。

采用定额法计算产品成本，能够及时反映和监督脱离定额的差异，及时加强成本控制；有利于提高成本的定额管理和计划管理工作的水平，进一步挖掘降低成本的潜力；

能够比较合理、简便地解决完工产品和月末在产品之间费用的分配问题。但采用定额法计算产品成本，必须制定定额成本，单独核算脱离定额差异，在定额变动时还必须修订定额成本，计算定额变动差异，因此比采用其他方法核算的工作量要大。

## 二、定额成本计算

定额成本是指根据现行消耗定额和计划单价编制的成本。定额成本与计划成本都是企业事先制定的成本，但二者又有区别。定额成本以现行消耗定额和费用预算作为计算依据，应随着生产条件的变化、劳动生产率的提高随时对定额成本进行修改。它主要用于企业内部成本控制和考核。计划成本以计划期内平均消耗定额和费用预算为计算依据，计划期内计划成本一般不进行修改。它主要用于成本考核，为企业进行经济预测和决策提供资料。产品定额成本计算公式如下：

（1）单位产品直接材料定额成本 = $\sum$ 产品原材料消耗定额×材料计划单价

（2）单位产品直接工资定额成本 = 产品生产工时定额×计划小时工资率

（3）单位产品制造费用定额成本 = 产品生产工时定额×计划小时制造费用率

单位产品定额成本 =（1）+（2）+（3）= $\sum$ 零部件定额成本

## 三、成本差异核算

### （一）脱离定额差异核算

脱离定额差异是指在生产过程中，各项生产费用的实际支出脱离现行定额或预算的差额。脱离定额差异按成本项目不同分为：直接材料脱离定额差异、直接工资脱离定额差异和制造费用脱离定额差异。

脱离定额差异的核算：在生产费用发生时，应对符合定额的费用和脱离定额的差异，分别编制定额凭证和差异凭证，并在有关的费用分配表和明细分类账中分别予以登记。

1. 直接材料脱离定额差异的核算

直接材料脱离定额差异是指实际产量的定额耗用量与实际耗用量之间的差异与材料计划单价的乘积，只包括材料耗用量的差异，而不包括价格差异。计算公式如下：

$$\text{直接材料脱离定额差异}=\text{实际产量}\times(\text{单位产品实际材料耗用量}-\text{单位产品定额材料耗用量})\times\text{材料计划单价}=(\text{实际材料耗用量}-\text{定额材料耗用量})\times\text{材料计划单价}$$

直接材料脱离定额差异的核算方法有限额法、切割核算法和盘存法三种。

第一种方法：限额法，相关计算公式如下：

①实际材料耗用量 = 期初车间余料 + 本期车间实际领料 − 期末车间余料

②定额材料耗用量 = 限额领料单核定的限额用量

第二种方法：切割核算法，相关计算公式如下：

①实际材料耗用量 = 本期车间实际领用材料数量 − 余料数量

②定额材料耗用量 = 实际切割的毛坯数量×单位毛坯材料定额耗用量

第三种方法：盘存法，相关计算公式如下：

①本期投产量 = 期末在产品数量 + 本期完工产品数量 − 期初在产品数量（材料一次投入）

$$= \frac{期末}{在产品数量} \times \frac{本月}{投料程度} + \frac{本期完工}{产品数量} - \frac{期初}{在产品数量} \times \frac{上月投料程度}{（材料分次投入）}$$

②实际材料耗用量=本期车间实际领用材料数量-余料数量

③定额材料耗用量=本期投产量×单位产品材料定额耗用量

2. 直接工资脱离定额差异的核算

在计件工资形式下按计件单价支付的工资额为定额工资，不存在脱离定额差异。在计时工资形式下，生产工资脱离定额的差异，在月末实际生产工人工资总额确定之后再计算。其计算公式如下：

①产品定额生产工资=产品实际产量的定额生产工时×计划小时工资

②产品实际生产工资=产品实际产量的实际生产工时×实际小时工资

③产品生产工资脱离定额差异=产品实际生产工资-产品定额生产工资

3. 制造费用脱离定额差异的核算

制造费用属于间接计入费用，在月末实际费用分配给各产品以后，才能以其实际费用与定额费用相比较加以确定。其计算公式如下：

①某产品实际制造费用=该产品实际生产工时×实际小时制造费用率

②某产品定额制造费用=该产品实际产量的定额工时×计划小时制造费用率

③某产品制造费用脱离定额差异=该产品实际制造费用-该产品定额制造费用

如果企业在生产过程中发生生产损失（废品损失、停工损失），应全部作为脱离定额差异核算。

（二）材料成本差异核算

材料成本差异是指在计划成本计价核算条件下，产品生产实耗材料实际成本与计划成本的差异。其计算公式如下：

产品材料成本差异=（产品材料定额成本±材料脱离定额成本）×材料成本差异率

（三）定额变动差异核算

定额变动差异是指企业因经济的发展、生产技术条件的变化、劳动生产率的提高等促使企业修订消耗定额或生产耗费的计划价格而产生的新旧定额之间的差异。定额变动差异是定额本身变动的结果，它与生产中费用支出的节约或超支无关。

各项消耗定额和定额成本的修订，一般是在月初、季初或年初定期进行的。修订后的定额一般在月初实施，当月投入的产品按新的定额计算定额成本及脱离定额差异。定额变动只影响变动月份的月初在产品的定额成本，需调整月初在产品的定额成本。所以只有定额修订当月的月初在产品才计算定额变动差异。其计算公式如下：

$$\frac{月初在产品}{定额变动差异} = \frac{月初在产品按原定额}{计算的定额成本} - \frac{月初在产品按调整后}{定额计算的定额成本}$$

$$= 按旧定额计算的月初在产品成本 \times （1-定额变动系数）$$

其中：

定额变动系数=按新定额计算的单位产品成本÷按旧定额计算的单位产品成本

**四、产品实际成本计算**

在定额法下，产品实际成本计算是在产品定额成本的基础上加减应负担的各项成本差异计算的。其计算程序如下：

第一步：计算产品定额成本。

本月定额总成本＝月初在产品定额成本－月初在产品定额变动+本月投入定额成本

完工产品定额成本＝完工产品数量×单位定额成本

月末在产品定额成本＝本月定额总成本－完工产品定额成本

第二步：将各项成本差异在完工产品与月末在产品之间分配。

各项成本差异在完工产品与月末在产品之间分配通常采用在产品按定额成本计价法和定额比例法两种方法。在产品按定额成本计价法是将全部成本差异由完工产品成本负担的方法。定额比例法是以完工产品定额成本和月末在产品定额成本作为分配标准进行差异分配的方法。其计算公式如下：

①差异率＝某项成本差异÷（完工产品定额成本+月末在产品定额成本）×100%

②完工产品负担的成本差异＝完工产品定额成本×差异率

③月末在产品负担的成本差异＝月末在产品定额成本×差异率

第三步：计算产品实际成本。

完工产品实际总成本＝完工产品定额成本±完工产品负担的成本差异

单位成本＝完工产品实际总成本÷完工产品数量

# 第二部分　实验项目设计

## 一、实验目的

通过本实验项目，使学生熟悉和掌握产品成本核算与控制方法——定额法的基本原理和具体运用。

## 二、实验要求

根据实验材料，要求学生按照定额法的基本理论完成该公司的成本核算与控制。

## 三、实验资料

望捷公司为大量大批生产企业，采用定额法计算产品成本。有关产品成本资料如下：

1. 产品定额成本计算表（见表7-1）。

表7-1　　**产品定额成本计算表**

产品名称：A　　2022年8月

| 材料名称 | 计量单位 | 材料消耗定额（千克/件） | 计划单价（元/千克） | 材料费用定额（元/件） |
|---|---|---|---|---|
| 甲 | 千克 | 60 | 11 | 660 |

| 工时定额 | 直接工资 | | 燃料及动力 | | 制造费用 | | 产品定额成本合计 |
|---|---|---|---|---|---|---|---|
| 小时/件 | 元/小时 | 元 | 元/小时 | 元 | 元/小时 | 元 | 元/件 |
| 40 | 6 | 240 | 2 | 80 | 4 | 160 | 1 140 |

原材料在生产开始时一次投入，2022年9月该公司对其原材料消耗定额进行了修订，原材料消耗定额为60千克/件，材料计划单价为10元/千克，材料费用定额为600元/件。

2. 月初在产品定额成本和脱离定额差异（见表7-2）。

表7-2　　**月初在产品定额成本和脱离定额差异**

产品名称：A　　2022年9月　　单位：元

| 成本项目 | 定额成本 | 脱离定额差异 |
|---|---|---|
| 直接材料 | 6 600 | -162 |
| 直接工资 | 1 200 | +80 |
| 燃料及动力 | 400 | +26 |
| 制造费用 | 800 | +32 |
| 合　计 | 9 000 | -24 |

3. 本月生产量：A产品月初在产品10件，本月完工________件（关键数据设计

为：100+小组序号×10。参考数据为：100)，月末在产品 20 件，月初和月末在产品的完工程度均为 50%。

4. 本月发生下列耗费：

(1) 9 月 5 日，计提固定资产折旧费 6 430 元，其中：基本生产车间 3 230 元，行政管理部门 3 200 元。

(2) 9 月 5 日，用银行存款支付其他费用 8 900 元，其中：基本生产车间 5 200 元，行政管理部门 3 700 元。

(3) 9 月 15 日，发生工资费用 58 000 元，其中：基本生产车间生产工人工资 27 900元，基本生产车间管理人员工资 5 800 元，企业行政管理人员工资 24 300 元。

(4) 9 月 20 日，用银行存款支付电费 15 000 元，其中：基本生产车间生产 A 产品耗用 8 300 元，基本生产车间一般耗用 1 300 元，企业行政管理耗用 5 400 元。

(5) 9 月 25 日，生产耗用甲材料 7 200 千克，其中：直接用于 A 产品 5 280 千克，用作基本生产车间机物料 180 千克，用于企业行政管理部门 1 740 千克。材料成本差异率为+2%。

(6) 9 月 30 日，结转制造费用。

(7) 9 月 30 日，计算结转完工产品成本。差异分配时，定额变动差异和材料成本差异全部由完工产品成本负担，脱离定额差异按定额比例法在完工产品和月末在产品之间分配。

# 实验报告

实验项目：

学院：　　班级：　　实验小组：

姓名：　　学号：　　时间：

实验结果：

1.9 月 5 日，固定资产折旧费的账务处理。

凭证编号：

分录：

2.9 月 5 日，用银行存款支付其他费用的账务处理。

凭证编号：

分录：

3. 人工费用分配（见表 7-3）及账务处理。

表 7-3 **人工费用分配表**

年　　月　　日　　　　单位：元/小时/千克

| 分配对象 | 项　　目 | 产量/定额工时 | 金　额 |
|---|---|---|---|
| A 产品 | 本月投产约当量 | | — |
| | 本月投入定额工时 | | — |
| | 直接人工定额成本 | — | |
| | 直接人工脱离定额差异 | — | |
| | 直接人工实际成本 | — | |
| 基本生产车间管理人员工资 | — | — | |
| 行政管理人员工资 | — | — | |
| 合　计 | — | — | |

凭证编号：

分录：

4. 燃料及动力费用分配（见表 7-4）及账务处理。

表 7-4 **燃料及动力费用分配表**

年　　月　　日　　　　单位：元/小时/千克

| 分配对象 | 项　目 | 产量/定额工时 | 金　额 |
|---|---|---|---|
| A 产品 | 本月投产约当量 | | — |
| | 本月投入定额工时 | | — |
| | 燃料及动力定额成本 | — | |
| | 燃料及动力脱离定额差异 | — | |
| | 燃料及动力实际成本 | — | |
| 基本生产车间一般耗用 | — | — | |
| 行政管理部门一般耗用 | — | — | |
| 合　计 | — | — | |

凭证编号：

分录：

5. 原材料费用分配（见表 7-5）及账务处理。

表 7-5 **原材料费用分配表**

年　　月　　日　　　　单位：元/小时/千克

| 分配对象 | 项　　目 | 产量/耗用量 | 金　　额 |
| --- | --- | --- | --- |
| A 产品 | 本月投入材料实际耗用量 | | — |
| | 本月投产约当量 | | — |
| | 本月投入材料定额耗用量 | | — |
| | 直接材料定额成本 | — | |
| | 直接材料脱离定额差异 | — | |
| | 直接材料计划成本 | — | |
| | 直接材料成本差异 | — | |
| 基本生产车间一般耗用 | 材料计划成本 | — | |
| | 材料成本差异 | — | |
| 行政管理一般耗用 | 材料计划成本 | — | |
| | 材料成本差异 | — | |
| 合　计 | 材料计划成本 | — | |
| | 材料成本差异 | — | |

凭证编号：

分录：

6. 制造费用（见表 7-6 和表 7-7）分配结转及账务处理。

表 7-6 **制造费用明细账**

二级科目：基本生产车间 单位：元

| 年 | | 凭证 | | 摘　要 | （　　）方 | | | | | |
|---|---|---|---|---|---|---|---|---|---|---|
| 月 | 日 | 字 | 号 | | 材料费 | 人工费 | 电费 | 折旧费 | 其他费用 | 合　计 |
| | | | | | | | | | | |
| | | | | | | | | | | |
| | | | | | | | | | | |
| | | | | | | | | | | |
| | | | | | | | | | | |
| | | | | | | | | | | |
| | | | | | | | | | | |
| | | | | | | | | | | |

表 7-7 **制造费用分配表**

年　　月　　日 单位：元/小时/千克

| 分配对象 | 项　目 | 产量/定额工时 | 金　额 |
|---|---|---|---|
| A 产品 | 本月投产约当量 | | — |
| | 本月投入定额工时 | | — |
| | 制造费用定额成本 | — | |
| | 制造费用脱离定额差异 | — | |
| | 制造费用实际成本 | — | |

凭证编号：

分录：

7. 月初在产品定额变动差异计算（见表 7–8）及调整账务处理。

表 7–8　　月初在产品定额变动差异计算表

品种：A 产品　　年　月　日　　单位：元/小时/千克

| 成本项目 | 项　目 | 单位定额 | 金　额 |
|---|---|---|---|
| 直接材料 | 月初在产品旧定额成本 | — | |
| | 单位产品旧定额材料费 | | — |
| | 单位产品新定额材料费 | | — |
| | 材料定额变动系数 | | — |
| | 材料定额变动差异 | — | |

凭证编号：

分录：

8. 9 月 30 日，计算结转完工产品成本（见表 7–9 至表 7–13）及账务处理。

表 7–9　　产品定额成本计算表

年　月　日　　单位：元

| 成本项目 | 月初在产品定额成本 | 月初在产品定额变动差异 | 本月投入定额成本 | 定额总成本合计 | 完工产品定额成本 | 月末在产品定额成本 |
|---|---|---|---|---|---|---|
| 直接材料 | | | | | | |
| 直接工资 | | | | | | |
| 燃料及动力 | | | | | | |
| 制造费用 | | | | | | |
| 合计 | | | | | | |

表 7-10　　　　　　　　**产品成本差异分配计算表**

年　　月　　日　　　　　　　　单位：元

| 成本项目 | 月初在产品 | | 本月投入 | | 合　计 | | | 差异率 | 完工产品 | | | 月末在产品 |
|---|---|---|---|---|---|---|---|---|---|---|---|---|
| | 脱离定额差异 | 定额变动差异 | 脱离定额差异 | 材料成本差异 | 脱离定额差异 | 定额变动差异 | 材料成本差异 | 脱离定额差异 | 脱离定额差异 | 定额变动差异 | 材料成本差异 | 脱离定额差异 |
| 直接材料 | | | | | | | | | | | | |
| 直接工资 | | | | | | | | | | | | |
| 燃料及动力 | | | | | | | | | | | | |
| 制造费用 | | | | | | | | | | | | |
| 合　计 | | | | | | | | | | | | |

表 7-11　　　　　　　　**产品实际成本计算表**

年　　月　　日　　　　　　　　单位：元

| 成本项目 | 完工产品 | | | | | | 月末在产品 | |
|---|---|---|---|---|---|---|---|---|
| | 定额成本 | 脱离定额差异 | 定额变动差异 | 材料成本差异 | 实际总成本 | 单位成本 | 定额成本 | 脱离定额差异 |
| 直接材料 | | | | | | | | |
| 直接工资 | | | | | | | | |
| 燃料及动力 | | | | | | | | |
| 制造费用 | | | | | | | | |
| 合　计 | | | | | | | | |

凭证编号：

分录：

表 7-12 **基本生产成本明细账**

二级科目：A 产品 单位：元 A 面

| 年 | | 凭证 | | 摘　要 | (借) 方 | | | | | | | | | |
|---|---|---|---|---|---|---|---|---|---|---|---|---|---|---|
| | | | | | 直接材料 | | | | 直接工资 | | | 燃料及动力 | | |
| 月 | 日 | 字 | 号 | | 定额成本 | 变动差异 | 脱离差异 | 材料差异 | 定额成本 | 变动差异 | 脱离差异 | 定额成本 | 变动差异 | 脱离差异 |
| | | | | | | | | | | | | | | |
| | | | | | | | | | | | | | | |
| | | | | | | | | | | | | | | |
| | | | | | | | | | | | | | | |
| | | | | | | | | | | | | | | |
| | | | | | | | | | | | | | | |
| | | | | | | | | | | | | | | |
| | | | | | | | | | | | | | | |
| | | | | | | | | | | | | | | |
| | | | | | | | | | | | | | | |

表 7-13 **基本生产成本明细账**

二级科目：A 产品 单位：元 B 面

| (借) 方 | | | | | | |
|---|---|---|---|---|---|---|
| 制造费用 | | | 合　计 | | | |
| 定额成本 | 变动差异 | 脱离差异 | 定额成本 | 变动差异 | 脱离差异 | 材料差异 |
| | | | | | | |
| | | | | | | |
| | | | | | | |
| | | | | | | |
| | | | | | | |
| | | | | | | |
| | | | | | | |
| | | | | | | |
| | | | | | | |
| | | | | | | |

实验成绩：　　　　实验指导教师签名：

# 实验项目八

# 成本分析实验

## 第一部分　实验预备知识

**一、成本分析的内涵**

成本分析是利用成本核算及其他相关资料，对成本水平与构成的变动情况进行分析评价，以揭示影响成本升降的各种因素及变动的原因，寻找降低成本的潜力。广义的成本分析包括事前分析、事中分析和事后分析。狭义的成本分析主要指事后分析，以成本核算提供的数据为主，结合有关的计划、定额、统计、技术和其他调查资料，按照一定的原则，应用一定的方法，对影响成本和成本效益升降的各种因素进行科学的分析，查明成本和成本效益变动的原因，制定降低成本的措施，以充分挖掘企业内部降低成本和提高成本效益的潜力，以较少的劳动消耗取得较大的经济效益。

**二、成本分析的评价标准**

成本分析用于评价的标准有历史标准、行业标准和预算标准。历史标准是企业在以前年度中某项成本指标的最低水平。根据历史标准，企业可以将现实的工作和以前的工作相比较。行业标准是企业主管部门根据所属行业的生产经营的实际情况所制定的同行业的成本指标水平。根据行业标准，企业可以了解本企业在同行业所处的水平。预算标准（计划标准或目标标准）是企业预先规定的在计划期内产品生产耗费和各种产品的成本水平。根据预算标准，企业可以分析实际生产消耗水平与预算之间的差异，并通过分析差异原因，努力降低成本水平。

**三、成本分析的程序**

成本分析过程可以划分为以下几个阶段。

第一阶段，成本分析准备阶段。

该阶段的主要工作内容有:明确成本分析目的、确立成本分析标准、收集成本分析资料。

第二阶段，成本分析实施阶段。

该阶段的主要工作内容有：报表整体分析、成本指标分析、基本因素分析。

第三阶段，成本分析报告阶段。

该阶段的主要工作内容有：得出成本分析结论、提出可行的措施和建议、编写成本分析报告。

**四、成本分析的方法**

（一）成本报表整体分析方法

1. 水平分析法，是指将反映企业报告期内成本的信息与反映企业前期或历史某一种成本状况的信息进行对比，研究企业经营业绩或成本状况发展变动情况的成本分析方法。水平分析法是反映某方面情况的报表的全面、综合对比分析，而不是单指标分析。

2. 垂直分析法，是指通过计算成本报表中各项目占总体的比重或结构，反映报表中的项目与总体的关系及变动情况。成本报表经过垂直分析法处理后，通常称为同度量报表或称总体结构报表。

3. 趋势分析法，是指根据企业连续几年或几个时期的分析资料，运用指数或完成率的计算，确定分析期各有关项目的变动情况。趋势分析法既可用于对成本报表的整体分析，也可用于对某些主要指标的发展趋势进行分析。

（二）指标分析法

1. 指标对比分析法，是将经济指标的实际数与基数进行比较，从量上揭示其差异的一种分析方法。

差异=实际数-基数=+指标：好。差异=实际数-基数=-指标：差。

差异率=差异÷基数×100%

指标分析法由于比较的基数不同，其目的也不同。实际指标与计划指标对比，目的是揭示计划完成情况；本期实际指标与前期实际指标对比，目的是揭示其发展趋势；本期实际指标与国内外同类型企业的先进指标对比，目的是揭示与先进水平之间存在的差距。

2. 比率分析法，是将反映成本状况或与成本水平相关的两个因素联系起来，通过计算比率，反映它们之间的关系，借以评价企业成本状况和经营情况的一种成本分析方法。该方法主要包括：相关比率分析（成本利润率、销售成本率）、趋势比率分析（成本降低率）、构成比率分析（材料成本比重、可比产品成本比重）。比率分析法计算简便，结果容易判断。

（三）因素分析法

1. 连环替代法，是从数值上测定各个相互关联的因素对有关经济指标的差异影响程度的一种分析方法。连环替代法可以衡量各种因素影响程度大小，有利于分清原因和责任，使评价工作更有说服力。连环替代法的程序如下。

第一步：确定影响综合指标的因素，并进行因素排列，采用对比分析法计算综合指标的差异。

（1）因素排列原则：先数量后质量；先实物后价值；先主要后次要。

（2）计算综合指标差异。

设：$M=a \cdot b \cdot c$

$M_1=$实际数$=a_1 \cdot b_1 \cdot c_1$

$M_0=$基数$=a_0 \cdot b_0 \cdot c_0$

$M_{差异}=M_1-M_0=L$

第二步：进行因素替代。

$M_0=a_0 \cdot b_0 \cdot c_0$

$K=a_1 \cdot b_0 \cdot c_0$

$R=a_1 \cdot b_1 \cdot c_0$

$M_1=a_1 \cdot b_1 \cdot c_1$

第三步：计算各因素的变动影响。

a 因素变动影响 $=K-M_0=L_1$

b 因素变动影响 $=R-K=L_2$

c 因素变动影响 $=M_1-R=L_3$

合计：$L_1+L_2+L_3=L$

第四步：分析说明。

2. 差额计算法，它是连环替代法的一种简化形式，是利用各个因素的实际数与基数之间的差额，直接计算各个因素对经济指标差异的影响数值的方法。差额计算法的计算程序如下。

第一步：同上。

设：$M=a \cdot b \cdot c$

$M_1$ = 实际数 $=a_1 \cdot b_1 \cdot c_1$

$M_0$ = 基数 $=a_0 \cdot b_0 \cdot c_0$

$M_{差异}=M_1-M_0=L$

第二步：计算各因素的变动影响（计算某因素变动影响，直接用该因素的实际数减去基数的差额乘以其他因素，其他因素在该因素前面的用实际数，后面的用基数）。

a 因素变动影响 $=(a_1-a_0) \cdot b_0 \cdot c_0=L_1$

b 因素变动影响 $=a_1 \cdot (b_1-b_0) \cdot c_0=L_2$

c 因素变动影响 $=a_1 \cdot b_1 \cdot (c_1-c_0)=L_3$

合计：$L_1+L_2+L_3=L$

第三步：分析说明。

**五、全部产品成本分析**

全部产品成本分析是一种总括性的分析，属于成本事后分析和成本定期分析。该分析是将全部产品按本年实际产量调整的上年（或计划）总成本与实际总成本进行比较，计算出成本降低额和降低率，借以评价全部产品成本的升降情况的过程。调整的目的是排除产品产量因素，单纯考虑成本水平变动对成本降低情况的影响。

全部产品成本分析，可以借助于企业内部成本报表中的商品产品成本报表和成本计划等相关资料进行，具体可分为按产品类别分析和按成本项目分析。

（一）按产品类别分析全部产品成本计划的完成情况

按产品类别分析的目的是具体研究全部产品成本水平的变动状况，了解产品成本升降究竟是由哪种产品引起的。其计算内容包括全部产品（可比产品和不可比产品）成本的降低额和降低率。

$$\begin{matrix}成本\\降低额\end{matrix}=\begin{matrix}实际产量的上年\\（或计划）总成本\end{matrix}-\begin{matrix}实际产量的\\实际总成本\end{matrix}=\sum\left[\begin{matrix}实际\\产量\end{matrix}\times\left(\begin{matrix}上年（或计划）\\单位成本\end{matrix}-\begin{matrix}实际单位\\成本\end{matrix}\right)\right]$$

$$成本降低率=\frac{成本降低额}{实际产量的上年（或计划）总成本}\times 100\%$$

通过按产品类别进行全部产品成本的分析，不仅能说明全部产品的成本计划执行情况，而且也为下一步分析指明方向，重点较为明确。但按产品类别分析全部产品成本计划完成情况应注意以下问题：

（1）对于可比产品，必须将其计划单位成本同上年第四季度单位成本进行比较。若前者高于后者，则说明计划成本比较保守，落后于实际已经达到的成本水平，这样的计划成本就无法起到控制成本的作用，当然受客观因素不利影响的情况除外。

（2）对于不可比产品，若有超支情况，应进一步查明是否是因为本年首次生产该产品，消耗定额和计划成本定得偏低；或者是因为工艺过程掌握不好、技术熟练程度不高而引起材料消耗超过定额、废品过多等。

特别注意：企业在分配共同费用时，不可为达到降低可比产品成本的目的，将可比产品成本转移给不可比产品。

（二）按成本项目分析全部产品成本计划的完成情况

按成本项目分析全部产品成本计划的完成情况，是为了解成本变动的原因，挖掘成本降低的潜力，为今后的深入分析指出主攻方向。其计算公式如下：

$$\begin{matrix}\text{成本}\\\text{降低额}\end{matrix}=\begin{matrix}\text{实际产量的上年}\\\text{（或计划）总成本}\end{matrix}-\begin{matrix}\text{实际产量的}\\\text{实际总成本}\end{matrix}=\sum\left[\begin{matrix}\text{实际}\\\text{产量}\end{matrix}\times\left(\begin{matrix}\text{某成本项目上年}\\\text{（或计划）单位成本}\end{matrix}-\begin{matrix}\text{实际单位}\\\text{成本}\end{matrix}\right)\right]$$

$$\text{成本降低率}=\frac{\text{成本降低额}}{\text{实际产量的上年（或计划）总成本}}\times100\%$$

**六、可比产品成本分析**

可比产品是指上年度及以前已经正式生产过，而且其成本资料保存完整的产品。为了确定计划期内充分挖掘可比产品成本降低的潜力，包括计划降低额和计划降低率，对于可比产品的实际总成本，除了和计划成本比较外，还要同实际产量按上年单位成本计算的总成本相比较，以确定可比产品实际总成本的降低额和降低率，并同成本计划所规定的降低额和降低率相比较，以考核可比产品成本降低任务的完成情况。

由于可比产品成本所占比重一般较大，所以分析可比产品成本降低任务的完成情况，具有重要的现实意义。

可比产品成本降低任务的完成情况通常采用连环替代法（因素分析法）进行分析，其分析步骤如下。

第一步：计算可比产品成本降低任务及其完成情况。

$$①\begin{matrix}\text{成本降低额}\\\text{完成情况}\end{matrix}=\begin{matrix}\text{实际}\\\text{降低额}\end{matrix}-\begin{matrix}\text{计划}\\\text{降低额}\end{matrix}=\sum\left[\begin{matrix}\text{实际}\\\text{产量}\end{matrix}\times\left(\begin{matrix}\text{上年实际}\\\text{单位成本}\end{matrix}-\begin{matrix}\text{本年实际}\\\text{单位成本}\end{matrix}\right)\right]-\sum\left[\begin{matrix}\text{计划}\\\text{产量}\end{matrix}\times\left(\begin{matrix}\text{上年实际}\\\text{单位成本}\end{matrix}-\begin{matrix}\text{本年计划}\\\text{单位成本}\end{matrix}\right)\right]$$

$$②\begin{matrix}\text{成本降低率}\\\text{完成情况}\end{matrix}=\text{实际降低率}-\text{计划降低率}$$

$$=\frac{\text{可比产品实际降低额}}{\sum\left(\begin{matrix}\text{实际}\\\text{产量}\end{matrix}\times\begin{matrix}\text{上年实际}\\\text{单位成本}\end{matrix}\right)}\times100\%-\frac{\text{可比产品计划降低额}}{\sum\left(\begin{matrix}\text{计划}\\\text{产量}\end{matrix}\times\begin{matrix}\text{上年实际}\\\text{单位成本}\end{matrix}\right)}\times100\%$$

第二步：确定影响可比产品成本降低任务完成情况的因素。

1. 产品产量

影响原因：成本计划降低任务根据各种产品计划产量制定，而实际成本降低额和降低率根据实际产量计算。

影响计算：假定产品品种和单位成本不发生变化，计算单纯因为产量增减变动所引起的变化。

影响结果：降低额发生变化，而降低率不受影响。

结论：产量变动只会影响降低额，不会影响降低率。

2. 产品品种构成

产品品种构成，也称为品种结构，是指各种产品产量在全部产品产量总和中所占的比重。

$$某产品品种构成=\frac{某产品产量\times 该产品上年单位成本}{\sum(各产品产量\times 该产品上年单位成本)}\times 100\%$$

影响原因：一般说来，各种产品的成本降低率是不同的，如果各种产品产量不同比例变动，就会影响产品成本降低任务。

影响结果：既影响降低额，也影响降低率。

3. 产品单位成本

影响原因：可比产品成本计划降低额，是以本年计划单位成本和上年实际单位成本比较来确定的；可比产品实际成本降低额是以本年实际单位成本与上年实际单位成本相比较来确定的。因而产品单位成本的变化，必然引起成本降低任务的完成，而且实际单位成本越低，降低额和降低率的完成情况就越好。

影响结果：既影响降低额，也影响降低率。

# 第二部分　实验项目设计

## 一、实验目的

通过本实验项目，使学生熟悉和掌握成本分析的基本原理和方法，并能具体运用。

## 二、实验要求

根据实验材料，要求学生按照成本分析的基本原理和方法完成该公司的成本分析。

## 三、实验资料

光明公司 2022 年度生产甲、乙、丙三种产品，其相关成本资料见表 8-1。

表 8-1　　光明公司全部产品产量及单位成本表

2022 年度

| 产品名称 | 计量单位 | 产量（件） | | 单位成本（元/件） | | |
|---|---|---|---|---|---|---|
| | | 本年计划 | 本年实际 | 上年实际 | 本年计划 | 本年实际 |
| 甲产品 | 件 | 5 000 | 4 500 | 400 | 380 | 370 |
| 乙产品 | 件 | 2 000 | 3 200 | 500 | 450 | 420 |
| 丙产品 | 件 | 1 000 | 800 | — | 300 | 320 |

甲产品实际产量为：________件（关键数据设计为：5 000+小组序号×100。参考数据为：4 500）；乙产品实际产量为：________件（关键数据设计为：2 000+小组序号×100。参考数据为 3 200）。

# 实验报告

实验项目：

学院：　　　　　　班级：　　　　　　实验小组：

姓名：　　　　　　学号：　　　　　　时间：

实验结果：

**一、按产品类别分析全部商品产品成本计划的完成情况**

全部商品产品成本计划完成情况分析见表 8–2。

表 8–2　　**全部商品产品成本计划的完成情况分析表**

（按产品类别）　　金额单位：元

| 产品类别 | 产品品种 | 实际产量本年累计 | | 实际与计划的差异 | | 各种产品成本差异对总成本的影响（%） |
|---|---|---|---|---|---|---|
| | | 计划总成本 | 实际总成本 | 降低额 | 降低率（%） | |
| 可比产品 | 甲产品 | | | | | |
| | 乙产品 | | | | | |
| | 合计 | | | | | |
| 不可比产品 | 丙产品 | | | | | |
| | 合计 | | | | | |
| 全部商品产品 | | | | | | |

全部商品产品成本计划完成情况的分析说明：

**二、可比产品成本分析**

1. 可比产品成本计划降低任务及其实际完成情况（见表 8–3 和表 8–4）的计算。

表 8–3　　**可比产品成本计划降低任务计算表**

2022 年度　　金额单位：元

| 可比产品 | 本年计划产量 | 单位成本 | | 总成本 | | 计划降低任务 | |
|---|---|---|---|---|---|---|---|
| | | 上年实际成本 | 本年计划成本 | 上年实际成本 | 本年计划成本 | 降低额 | 降低率（%） |
| 甲产品 | | | | | | | |
| 乙产品 | | | | | | | |
| 合计 | | | | | | | |

表 8-4　　**可比产品成本实际降低任务计算表**

2022 年度　　金额单位：元

| 可比产品 | 本年实际产量 | 单位成本 | | 总成本 | | 实际降低任务 | |
|---|---|---|---|---|---|---|---|
| | | 上年实际成本 | 本年实际成本 | 上年实际成本 | 本年实际成本 | 降低额 | 降低率（%） |
| 甲产品 | | | | | | | |
| 乙产品 | | | | | | | |
| 合　计 | | | | | | | |

可比产品成本降低任务完成情况：

成本降低额＝____________

成本降低率＝____________

2. 可比产品成本降低任务完成情况（见表 8-5 和表 8-6）因素分析。

表 8-5　　**可比产品成本降低任务完成情况计算表**

（连环替代法）

| 顺　序 | 影响因素 | | | 计 算 方 法 | |
|---|---|---|---|---|---|
| | 产量 | 品种结构 | 单位成本 | 降低额（元） | 降低率（%） |
| 1 | 计划 | 计划 | 计划 | | |
| 2 | 实际 | 计划 | 计划 | | |
| 3 | 实际 | 实际 | 计划 | | |
| 4 | 实际 | 实际 | 实际 | | |

表 8-6　　**可比产品成本降低任务完成情况分析表**

（连环替代法）

| 影响因素 | 对降低额的影响 | 对降低率的影响 |
|---|---|---|
| 产　量 | | |
| 品种结构 | | |
| 单位成本 | | |
| 合　计 | | |

3. 可比产品成本降低任务完成情况原因分析说明：

实验成绩：　　　　实验指导教师签名：